子どもの生活を支える
児童家庭福祉

大塚良一/小野澤昇/田中利則
[編著]

ミネルヴァ書房

はじめに

　子どもは家庭により育成される。「家庭」とは夫婦・親子などの関係にあるものがともに生活する場である。かつては「家庭」を形成する家族は多くの時間を共有し，子どもの成長・生活を夫婦や祖父母などが見守り営まれてきた。また，地縁，血縁などの家庭を取り巻く人びとがその家庭を支援する関係もあった。さらに，第一次産業のひとつである農業が主流の地域では，農繁期には学校が休校になり，子どもたちも田植えや稲刈りに駆り出され，親の手伝いをするのがあたりまえであり，農閑期には祭りがあり，世代間を越えた交流もなされていた。

　しかし，産業構造の変化により労働人口の都市部への集中が始まり，核家族化が進展してきた。ゴールデンウィーク，お盆休み，正月休みなどになると田舎に里帰りする帰省ラッシュが大きな話題となっている。また，少子化，晩婚化，離婚率，単身世帯の増加などにより，今後，家庭はさらに孤立が進展し，その形態はより多様化することが予想される。

　現代社会では，おとなたちは働くことが優先され，子どもの育成に関しては教育機関や保育所などの福祉機関に全面的に依存する仕組みができつつある。また，格差社会が進展し，子どもの貧困率が16.3％にもなってきている。

　このような「家庭」の社会的変化をふまえて，本書では次の5点を柱にし，学生理解が深まるよう編集した。

　　(1)　現代社会における児童家庭福祉の意義と歴史的変遷。
　　(2)　児童家庭福祉と保育との関連性および児童の人権。
　　(3)　児童家庭福祉の制度と実施体系。
　　(4)　児童家庭福祉の現状と課題。
　　(5)　児童家庭福祉の動向と展望。

　「子どもの生活を支えるシリーズ」はコラム，エピソード，事例を取り入れてわかりやすく解説した教科書である。この「児童家庭福祉」についても保育

士の視点から，社会福祉施設などの現場経験の豊富な教員に執筆していただいた。

　さらに，「ポイント整理」という新たな項目を入れ，それぞれの章の大切な事項について整理をした。「振り返り問題」と併せて活用していただけたらと願っている。

　なお，本書を作成するにあたり，「子ども」という表現を基本とし，法律用語などの公的な点に関する場合は「児童」という表現を使用し，新規の表現として「子供」として記載されている条文などの場合は，その表記方法を優先した。同様に，「しょうがい」という表現に関しても，「障害」で統一した。

　本書を活用し，多くの保育士を目指す学生が子どもとその家庭について理解を深め，現場で活躍することを念願している。

2015年11月

編　者

子どもの生活を支える
児童家庭福祉

目　次

はじめに

第1章　現代社会における児童家庭福祉の意義 …………………… 1
第1節　家族形態の変化と児童 ………………………………………… 1
（1）家族形態の変化　2
（2）雇用形態と子どもの貧困　4
（3）「子どもの貧困」への対策　8
第2節　児童家庭福祉の理念と概念 …………………………………… 9
（1）子どもの発見と家庭　9
（2）児童家庭福祉の理念と概念　12

第2章　児童家庭福祉の歴史的変遷 …………………………………… 17
第1節　わが国の児童家庭福祉の変遷 ………………………………… 17
（1）萌芽から第2次世界大戦終戦まで　17
（2）第2次世界大戦終戦後から1989（平成元）年まで　28
第2節　諸外国の児童家庭福祉の変遷 ………………………………… 33
第3節　現代社会と児童家庭福祉 ……………………………………… 40

第3章　児童家庭福祉と保育 …………………………………………… 48
第1節　児童の人権擁護と児童家庭福祉 ……………………………… 48
（1）世界人権宣言と児童の権利に関する宣言，
　　　児童の権利に関する条約　48
（2）日本における人権擁護の取り組み　50
（3）児童の権利擁護に関する現状と課題　54
（4）子どもの人権擁護と児童家庭福祉　56
第2節　児童家庭福祉の一分野としての保育 ………………………… 58
（1）子どもたちの生活環境　58
（2）保育所の役割　58

目次

第4章　児童家庭福祉の制度……70

第1節　児童家庭福祉の制度と法体系……70
（1）児童家庭福祉の法体系　70
（2）児童福祉法（1947〔昭和22〕年制定）　72
（3）関係諸法令の概要　76
（4）社会手当に関する法律　83

第2節　児童家庭福祉行政と実施機関……86
（1）児童家庭福祉の行政とその役割　86
（2）児童家庭福祉の財政の仕組み　89
（3）児童家庭福祉行政の実施機関　91

第5章　児童家庭福祉の実施体系……100

第1節　児童福祉施設に関する概要……100
（1）児童福祉施設の種類　100
（2）児童福祉施設の設置　104
（3）児童福祉施設の設置目的　104
（4）児童福祉施設の設備及び運営に関する基準　107

第2節　児童家庭福祉の専門職……109
（1）児童福祉施設の職員　109
（2）児童福祉施設で働く職員の主な資格要件　112

第3節　児童福祉施設の現状と課題……114

第6章　児童家庭福祉の現状と課題……119

第1節　少子化と子育て支援サービス……119
（1）少子化の背景　120
（2）少子化対策の動向　122
（3）子育て支援サービス　123

第2節　母子保健と児童健全育成……124
（1）母子保健の目的と現状　126
（2）母子保健の施策と実施体系　126

v

　　　　（3）母子保健における専門的業務の実施　*127*
　　　　（4）健やか親子21　*129*
　　　　（5）乳幼児の虐待予防　*130*
　　　　（6）子どもの健全育成の目的と現状　*131*
　　　　（7）子どもの健全育成の支援体系　*132*
　　第3節　多様な保育ニーズへの対応 ………………………………… *134*
　　　　（1）保育ニーズの増大と待機児童対策　*134*
　　　　（2）子ども・子育て支援新制度による主な保育サービス　*135*
　　　　（3）柔軟なサービス提供を目指して　*137*

第7章　児童を取り巻く環境と課題 ……………………………… *142*
　　第1節　児童虐待防止とドメスティック・バイオレンス ……… *142*
　　　　（1）児童虐待の防止と予防のための対応に向けて　*142*
　　　　（2）ドメスティック・バイオレンスとは　*148*
　　第2節　社会的養護 ……………………………………………… *151*
　　　　（1）社会的養護とは　*151*
　　　　（2）社会的養護の体系　*151*
　　　　（3）社会的養護の現状　*156*
　　　　（4）社会的養護の今後の課題　*156*
　　第3節　障害児への対応 ………………………………………… *157*
　　　　（1）障害とは　*157*
　　　　（2）障害児に対する支援　*160*
　　　　（3）障害児に対する支援の課題　*161*
　　第4節　少年非行等への対応 …………………………………… *163*
　　　　（1）非行の現状と動向　*163*
　　　　（2）非行の理解と支援　*164*

第8章　児童家庭福祉の動向と展望 ……………………………… *171*
　　第1節　次世代育成支援と児童家庭福祉の推進 ……………… *171*
　　　　（1）新しい子育て支援施策としての「次世代育成支援」　*171*

（2）次世代育成支援のための法律　*172*

　　　（3）次世代育成支援の進展　*173*

　　　（4）次世代育成支援の課題と展望　*178*

　第2節　保育・教育・療育・保健・医療等との連携とネットワーク…*180*

　　　（1）地域ネットワークの現状　*180*

　　　（2）地域コミュニティの意義　*181*

　　　（3）保育におけるネットワーク　*183*

　第3節　諸外国の動向……………………………………………………*188*

　　　（1）子育てへの経済的支援　*190*

　　　（2）子育てと仕事の両立支援施策　*190*

　　　（3）日本の児童家庭福祉に求められる役割　*192*

おわりに

索　引

第1章
現代社会における児童家庭福祉の意義

本章のポイント

　2011（平成23）年3月11日の東日本大震災では，多くの人や物が失われました。また，同時に「家族の絆」が改めて見直されました。「子どもは家庭によって育つ」といわれてきましたが，その家庭がどのようになっているかを知ることが，子どもの専門家としての保育士の役割でもあります。

　保育を学ぶ学生の多くは，「子ども目線で保育を考えたい」とか，「子どもの立場に立って」などの言葉をよく使います。子どものおかれている環境，現代の家庭の問題点や課題をしっかり学ばないと，子どもの視点に立つことはむずかしいことです。本章では，多様化した現代の家庭について，子どもの現況の変化を，どのようにとらえればよいかを学びます。

第1節　家族形態の変化と児童

　理想の家族というときに，NHK 総合テレビ（1975～1982年）で放映された『大草原の小さな家』の家族像が頭に浮かぶ。原作はローラ・インガルス・ワイルダー（Laura, I. W.）であり，アメリカの西部開拓時代の両親と3人の姉妹の物語である。

　この物語のなかに，家族が危険のなか幌馬車で川を渡る場面がある。この場面について心理学者の河合隼雄（1928～2007年）は「子どもたちにはあまりわからないけれども，父親が左遷されてしまうということが起こりますね。あるいは子どもが病気になって死にかかることもあるし，いろいろなことがありま

す。本当は家族一同で頑張らなければならないのですが，一同でどう頑張ったらいいかわからない。『大草原の小さな家』の場合，非常によくわかるわけです。お父さんが飛び込むとか，お母さんは御者になるとか，子どもはしずかにしているとか，全部できるのですが，今の時代は，本当は家族一体となって行動しているはずなのだけれども，それが目に見えるかたちでわからないという難しさがあります」といっている。

　家庭とは生活をする家族により営まれ，家族が生活する場所である。その時代によって，家族の形態や営みがちがってくる。当然，家族の構成員である子どもも家族の形態や営みに大きく影響を受けることになる。

（1）家族形態の変化

　日本の産業形態は第一次産業である農林業などが主軸であった時代から，第二次産業である製造業，鉱業・建設業への移行，さらに，第三次産業であるサービス業などへの転換がなされていった。1961（昭和36）年には第一次産業である農林業などが29％であったが，2014（平成26）年には農業・林業は3.4％まで減少してきた（表1-1）。これは，日本の家族形態にも大きな影響を与えた。祖母，両親，両親の兄弟，子どもが同居する「大家族」の形態から，両親と子どもという「核家族」の生活への移行がなされた。また，日本の伝統文化や地域組織，さらには，農地や山林などの自然環境にも大きな影響を与えた。

　伝統的な日本の地域社会の基盤となっているのが神社であり，その祭礼である。各地域には，それぞれの氏神（うじがみ）がいて，その氏神の祭りを通して町内会などがそれぞれの役割を背負い，住民が氏子（うじこ）として活躍する。この祭りは農閑期に行われることが多く田植えが終わった後の夏祭り，稲刈りが終わった後の秋祭りなど収穫を占い，感謝するものであった。

　第一次産業である農林業などが日本の文化，アイデンティティ（主体性）に与える影響は大きい。また，農村地域では，農地やため池，山林などが密接に関係しあい人びとの生活を支えてきた。人里近くにあり，人びとの生活と結びついた自然を里山という。この里山を維持し，伝えてきたのが農林業などであ

表1-1 産業別人口構成割合

産業	各事業	1961年(%)	1982年(%)	各事業	2010年(%)	2014年(%)
第三次産業	公務	3.3	3.5	公務	3.6	3.8
	サービス業	12.9	18.9	サービス業（他に分類されないもの）	7.4	6.4
				複合サービス	0.7	0.9
				医療・福祉	10.6	12.2
				教育，学習支援業	4.7	4.9
				生活関連サービス業，娯楽業	3.9	3.8
				宿泊業，飲食サービス業	6.2	3.4
				学術研究，専門・技術サービス業	3.2	3.4
	小計	38.2	52.3	小計	70.6	71.7
	卸売・小売業，金融・保険業，不動産業	19.8	26.6	卸売業・小売業，金融・保険業，不動産業，物品賃貸業	19.8	19.6
	運輸・通信・電気・ガス・熱供給・水道業	5.5	6.8	運輸・郵便業・情報通信業	9.9	8.7
第二次産業	製造業	22.5	24.5	製造業	17.1	16.8
	鉱業・建設業	6.9	9.8	建設業	8.1	8.1
	小計	29.4	34.3	小計	25.2	24.9
第一次産業	農林漁業	29	9.7	農業・林業	3.8	3.4

出所：総務省統計局「労働力調査」をもとに筆者作成。

る。つまり，第一次産業である農林業などは日本人の文化，アイデンティティの源であり，自然を維持する大切な役割をもっている。

　さらに深刻なことは，第一次産業に携わっている人たちの高齢化の問題や，外国からの食物流入の問題である。2013（平成25）年度「年齢階層別基幹的農業従事者数」をみると，65歳以上の農業従事者は全体の61％（107万人）になっており，平均年齢も66.5歳になっている。基幹的農業従事者とは，農業に主と

コラム1

TPPによりどう変わる？

　TPPはシンガポール，ブルネイ，チリ，ニュージーランドの4か国の経済連携協定として始まり，2006（平成18）年5月に発効した。その後，米国，豪州，ペルー，ベトナムの8か国で交渉が開始され，現在はマレーシア，カナダ，メキシコおよび日本を加えた12か国が交渉に参加している。TPPは自由化レベルの高い協定であり，モノやサービスの貿易自由化だけでなく政府調達，貿易の円滑化，競争政策など幅広い分野を対象としており，物品の関税の撤廃が行われていく。当然，自動車産業や機械部品などの日本の主要産業はリードするため経済団体は参加を支持しているが，農林水産業への影響は大きく，特に，安い農産物の流入により，食の安全基準（牛肉の月齢制限，添加物など）の低下などが懸念される。また，食糧自給率（カロリーベースでは1965〔昭和40〕年には73％あったが，2013〔平成25〕年度には39％になっている）の低下なども懸念される。

　※カロリーベース総合食料自給率とは，1人1日当たり国産供給熱量／1人1日当たり総供給熱量のことをいう。
　出所：筆者作成。

して従事した世帯員（農業就業人口）のうち，調査期日前1年間のふだんの主な状態が「仕事に従事していた者」のことをいう。

　若い世代の農業への定着が必須の課題となっているが，環太平洋戦略的経済連携協定（略称TPP：Trans-Pacific Strategic Economic Partnership Agreement）が今後の農業および私たちの生活全般に与える影響が大きいと考えられる。

（2）雇用形態と子どもの貧困

　戦後の日本には「一億総中流」という言葉がある。内閣府による「国民生活に関する世論調査」によると，自らの生活を「中の上」「中の中」「中の下」と答えた人が，1970年代以降は約9割となっている。この意識は，現在も同様であり，2014（平成26）年度の同調査では，94.1％が中流と答えている。しかし，現在の生活に満足しているかとの問いには「不満」とする者が29％（「やや不満」23％，「不満」5.9％）になっている。

　厚生労働省による2014（平成26）年「国民生活基礎調査の概況」によると，

全国の世帯総数は5,043万1,000世帯である。世帯構造別にみると,「夫婦と未婚の子のみの世帯」が1,454万6,000世帯（全世帯の28.2%）,「単独世帯」が1,366万2,000世帯（同27.1%）,「夫婦のみの世帯」が1,174万8,000世帯（同23.3%）となっている。世帯類型別にみると,「高齢者世帯」は1,221万4,000世帯（全世帯の24.2%）,「母子世帯」は73万2,000世帯（同1.5%）である。

　世帯数をみると,1953（昭和28）年では1,718万世帯だったが,2014（平成26）年では5,043万1,000世帯と約3倍にもなっている。平均世帯人員に関しては,1953（昭和28）年には,5人だったが,2014（平成26）年には2.49人になっている。第一次産業から,第二次産業,第三次産業へ労働構造の中心が移行するのにともない,世帯数が増大し,反面で世帯人員が減少したと考えられる。同時に高齢者世帯,単独世帯が増大している。

　2015（平成27）年2月の総務省統計局「労働力調査（詳細集計）平成26（2014）年平均（速報）」によると,日本の雇用者数は5,240万人である。このなかで,正規の職員・従業員数は3,278万人,非正規の職員・従業員数は1,962万人である。また,完全失業者数（求職活動をしているが,就労の機会が与えられない者）は236万人である。非正規の職員・従業員を男女,現職の雇用形態についた主な理由をみると,男性は「正規の職員・従業員の仕事がないから」が160万人（27.9%）ともっとも多く,女性は「自分の都合のよい時間に働きたいから」が332万人（26.3%）ともっとも多くなっている。

　年間収入階級別割合を男性の正規職員・従業員と非正規の職員・従業員とで比較すると,2014（平成26）年では正規職員・従業員は平均で500〜699万円が22.4%ともっとも高く,次いで300〜399万円が20.3%になっている。一方,非正規の職員・従業員は100〜199万円が30.7%ともっとも高く,次いで100万円未満が25.8%となっている。女性の場合は,正規の職員・従業員は200〜299万円が28.3%ともっとも高く,次いで300〜399万円が21.9%である。一方,非正規の職員・従業員は100万円未満が46.2%ともっとも高く,次いで100〜199万円が39.0%になっている。

コラム2

ジニ係数

　ジニ係数とは，税金や社会保障制度を使って低所得層などに所得を再分配した後の世帯所得の格差を示すもので，イタリアの統計学者コッラド・ジニ（Gini. C., 1884～1965年）により提唱された。ジニ係数がとる値の範囲は0から1であり，係数の値が大きいほどその集団における格差は大きい状態にあるとされている。

　厚生労働省政府統括官（社会保障担当）「平成23年度所得再分配調査報告書」によると，1999（平成11）年の調査では当初所得[※1]のジニ係数は0.4720（等価当初所得[※2]0.4075），再分配所得[※3]は0.3814で再分配による改善度は19.2%であった。しかし，2011（平成23）年の調査では当初所得のジニ係数は0.5536（等価当初所得0.4703），再分配所得は0.3791で再分配による改善度は31.5%になっている。当初所得の係数の変化をみると，格差社会が大きく浸透していることがわかる。

※1：当初所得：雇用者所得，事業所得，農耕・畜産所得，財産所得，家内労働所得及び雑収入ならびに私的給付（仕送り，企業年金，生命保険金等の合計額）の合計額をいう。
※2：各世帯の所得を世帯員数の平方根で除したものを各世帯員1人当たりの実質的な所得水準（「等価」）として換算している。
※3：再分配所得：当初所得から税金，社会保険料を控除し，社会保障給付（現金，現物）を加えたものである。
出所：厚生労働省「所得再分配調査」結果の概要，用語の解説などをもとに筆者作成。

　厚生労働省「平成25年国民生活基礎調査の概況」によると，1世帯当たりの平均所得額は，2012（平成24）年で537万2,000円になっている。高齢者世帯に関しては309万1,000円，児童のいる世帯では，637万2,000円である。児童のいる世帯の30歳代，40歳代に関しては働き盛りであり，それなりに収入も安定している。しかし，その世代は家の購入などで借入金の払いが多く，図1-1のように30歳代に関しては，平均貯蓄が423万2,000円に対して，借入金が794万8,000円になっている。さらに，40歳代では平均貯蓄が707万6,000円に対して，借入金が871万円になっている。平均貯蓄と平均借入金の割合では，定年を迎えた60歳代では貯蓄が借入金の5.7倍あり，70歳以上では8.6倍になっている。

　深刻なのは，子どもの貧困率である。「平成25年国民生活基礎調査の概況」によると，2012（平成24）年の貧困線は122万円（名目値）であり，「相対的貧困率」（貧困線に満たない世帯員の割合）は16.1%となっている。また，「子どもの貧困率」（17歳以下）は16.3%となっている。これらの内訳を見ると，図1-2

第 1 章　現代社会における児童家庭福祉の意義

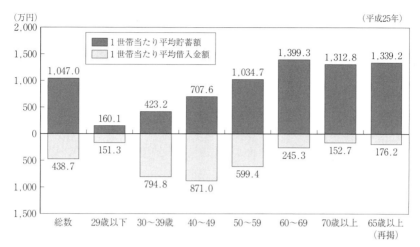

図 1-1　世帯主の年齢（10歳階級）別にみた 1 世帯当たり平均貯蓄額——平均借入金額

注：1)「1 世帯当たり平均貯蓄額」には，不詳および貯蓄あり額不詳の世帯は含まない。
　　2)「1 世帯当たり平均借入金額」には，不詳および借入金あり額不詳の世帯は含まない。
　　3)　年齢階級の「総数」には，年齢不詳を含む。
出所：厚生労働省「平成25年国民生活基礎調査の概況」。

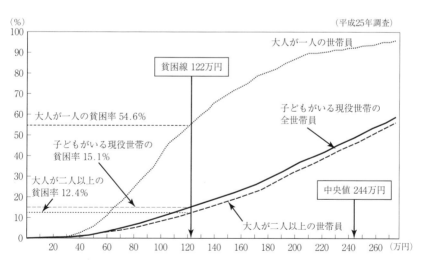

図 1-2　子どもがいる現役世帯の等価可処分所得金額別にみた世帯員数の累積度数分布

注：等価可処分所得は，名目値である。
出所：図 1-1 と同じ。

のとおり「子どもがいる現役世帯」(世帯主が18歳以上65歳未満で子どもがいる世帯)では，15.1％となっており，そのうち「大人が一人」の世帯員では54.6％，「大人が二人以上」の世帯員では12.4％となっている。なお，相対的貧困率とは貧困線に満たない世帯員の割合いをいう。貧困線とは，等価可処分所得(世帯の可処分所得を世帯人員の平方根で割って調整した所得)の中央値の半分の額をいう。

厚生労働省「平成23年所得再分配調査報告書」によると，母子世帯の平均当初所得は195.7万円であるが，再分配所得は258.2万円，再分配係数は31.9％となっている。ジニ係数は，当初所得0.4070から再分配所得0.2754と32.3％改善しており，その他の世帯の改善度を上回っている。

(3)「子どもの貧困」への対策

子どもの貧困に対して，政府は「子どもの貧困対策の推進に関する法律」(平成25年法律第64号)を第183回国会において成立し，2014(平成26)年1月17日から施行した。この法律の第1条には，「この法律は，子どもの将来がその生まれ育った環境によって左右されることのないよう，貧困の状況にある子どもが健やかに育成される環境を整備するとともに，教育の機会均等を図るため，子どもの貧困対策に関し，基本理念を定め，国等の責務を明らかにし，及び子どもの貧困対策の基本となる事項を定めることにより，子どもの貧困対策を総合的に推進することを目的とする」ことを定めている。

第2条では「(1)子どもの貧困対策は，子ども等に対する教育の支援，生活の支援，就労の支援，経済的支援等の施策を，子どもの将来がその生まれ育った環境によって左右されることのない社会を実現することを旨として講ずることにより，推進されなければならない。(2)子どもの貧困対策は，国及び地方公共団体の関係機関相互の密接な連携の下に，関連分野における総合的な取組として行われなければならない」ことを基本理念として定めている。

また，この法律にもとづき，「子供の貧困対策に関する大綱――全ての子供たちが夢と希望を持って成長していける社会の実現を目指して」が2014(平成26)年8月29日に閣議決定されている。このなかで，基本的な方針として，以

下の10項目を挙げている。

1 貧困の世代間連鎖の解消と積極的な人材育成を目指す。
2 第一に子供に視点を置いて、切れ目のない施策の実施等に配慮する。
3 子供の貧困の実態を踏まえて対策を推進する。
4 子供の貧困に関する指標を設定し、その改善に向けて取り組む。
5 教育の支援では、「学校」を子供の貧困対策のプラットフォームと位置付けて総合的に対策を推進するとともに、教育費負担の軽減を図る。
6 生活の支援では、貧困の状況が社会的孤立を深刻化させることのないよう配慮して対策を推進する。
7 保護者の就労支援では、家庭で家族が接する時間を確保することや、保護者が働く姿を子供に示すことなどの教育的な意義にも配慮する。
8 経済的支援に関する施策は、世帯の生活を下支えするものとして位置付けて確保する。
9 官公民の連携等によって子供の貧困対策を国民運動として展開する。
10 当面今後5年間の重点施策を掲げ、中長期的な課題も視野に入れて継続的に取り組む。

第2節 児童家庭福祉の理念と概念

(1) 子どもの発見と家庭

中世ヨーロッパでは子どもは、「小さなおとな」とみなされていた。言葉によるコミュニケーションができる7, 8歳になると飲酒や恋愛も自由であり、5〜6歳までの子どもの権利はおとながすべてもっていた。そこには、教育という概念も子どもという概念もなかった。さらに、18世紀から19世紀にかけて産業革命が起こり、より過酷な環境が子どもたちに強いられた。このようななかで、ルソー(Rousseau, J.J., ジュネーヴ共和国、1712〜1778年)、ペスタロッチ(Pestalozzi, J.H, スイス、1746〜1827年)、オウエン(Owen, R., イギリス、1771〜

1858年),などの社会思想家,教育学者や実践家たちは,子どもをおとなとはちがう固有のかけがえのない存在として,それぞれの立場から「子どもの権利」の社会的な必要性を主張していった。

コラム3

「子どもの発見」と教育

ルソーは著書『エミール』(1762年出版)のなかで,「人は子どもというものを知らない。子どもについてまちがった観念をもっているので,議論を進めれば進めるほど迷路に入りこむ。このうえなく賢明な人々でさえ,大人が知らなければならないことに熱中して,子どもには何が学べるかを考えない。<u>かれらは子どものうちに大人を求め,大人になるまえに子どもがどういうものであるかを考えない</u>。この点の研究にわたくしはもっとも心をもちいて,わたしの方法がすべて空想的でまちがいだらけだったとしても,人はかならずわたしが観察したことから利益をひきだせるようにした。なにをしなければならないかについては,わたしは全然みそこなっているかもしれない。しかし,はたらきかけるべき主体については,わたしは十分に観察したつもりだ」といっている。『エミール』はルソーが考えだした裕福な家庭の男子であり,幼児期,少年期,青年期を経て,成人になりソフィーという女性と結婚するまで,ルソー自身が家庭教師として理想の教育方法を論じている。

さらに,ルソーは「わたしたちは弱い者として生まれる。わたしたちには力が必要だ。わたしたちはなにももたずに生まれる。わたしたちには助けが必要だ。わたしたちは分別をもたずに生まれる。わたしたちには判断が必要だ。生まれたときにわたしたちがもっていなかったもので,<u>大人になって必要となるものは,すべて教育によって与えられる</u>」とし,子どもの教育の必要性についても説いている。

出所:ルソー/今野一雄訳『エミール(上)』岩波文庫,1962年。18,24頁をもとに筆者作成。下線筆者。

ルソー,ペスタロッチなどにより,子どもという存在が説かれ,子どもについての教育の必要性が叫ばれ,公教育が求められてきた。また,子どもが生活する家庭福祉についての必要性について考えられてきた。エレン・ケイ(Key, E., スウェーデン,1849～1926年)は,新しい児童教育を提案するとともに,母性と児童を保護するための立法を要求して,家庭を国民教育の中心とする意味で,「母よ家庭に帰れ」と呼びかけている。さらに,『児童の世紀』(1900年)では,「人間を教育する際,最も力強い建設的な要素は,家庭の堅実で安定した

秩序と，その平和と快適さである。子どもの親切心と労働意欲と堅実さを発展させるものは，家庭における愛情の深さと勤労の歓びと飾り気のないことである」とし，「人類がすべて，これを全く新しい見方で認識しはじめ，これを発展の信仰の光の中に観て，二十世紀は児童の世紀となるのである。これは二重の意味をもっている。一つは，大人が子どもの心を理解することであり，一つは，子どもの心の単純性が大人によって維持されることである。そうなって初めて，古い社会が新しくなる」といっている。

　子どもにとってその家庭環境がいかに大切かを考えさせられる事件が，1920年インドで起こった。キリスト教伝道師で孤児院を運営しているシング（Singh, J.）がオオカミに育てられた女の子，カマラとアマラを保護し養育したというものである。日本でも1954（昭和29）年雑誌『教育と医学』（8月号）で紹介され，その後，1967（昭和42）年に『狼にそだてられた子』（A. ゲゼル〔Gesell, A.〕／生月雅子訳），1977（昭和52）年に『野生児の記録1　狼に育てられた子——カマラとアマラの養育日記』（J. A. L. シング／中野善達・清水知子訳）などで紹介された。シングに保護されたカマラとアマラは，1年後にアマラは腎臓炎で死亡，その8年後にカマラも死亡する。しかし，その後の日記の検証で，事実とあわないところがでてきており，つくられたものではないかとの研究も多数発表されている。しかし，この問題が当時の社会に与えた影響は大きい。

コラム 4

カマラとアマラ

　シング牧師は『野生児の記録1』のなかで，「ふつうに家庭に育った子どもたちとちがい，生活に非常な遅れがみられたが，成長しつつある人間のカマラが，人間的な能力のすべてをだんだんと発達させていっているのを知って，人びとはただただ驚嘆することであろう。折あしく，狼のような生活から人間の生活へと，のろのろと発達したこの少女に関する魅惑的な研究は，死によって中断することになった。私はいま，人間に関する二つの要因，すなわち，遺伝か環境の影響かといったことをいずれに決めるかは，あなた方にお任せしたいと思う」といっている。これは，子ども家庭環境について，当時の精神衛生，福祉，保健，医療などの分野に大きな影響を与えた。

　出所：J. A. L. シング／中野善達・清水知子訳『野生児の記録1　狼に育てられた子——カマラとアマラの養育日記』福村出版　1977年，186頁をもとに筆者作成。

（2）児童家庭福祉の理念と概念

　日本女子大学の名誉教授であった松本武子（1910～2001年）はアメリカに留学し，里親制度を日本に紹介した。松本武子は「1953（昭和28）年，クリスマス休暇を迎えシカゴに行く機会を得たので『児童養護施設を見てきたいから紹介してください』と大学院長に頼みに行ったら，『お前は，ルーズベルトのリコメンデーションを忘れたのか』と叱られてしまった。1909（明治42）年に第一回全米児童福祉会議がホワイトハウスで開催されたとき，その冒頭でのルーズベルトの提言は，社会事業史の講義で語られたものであった」といっている。この，1909（明治42）年の第一回全米児童福祉会議のことを，日本では，児童福祉白亜館会議（ホワイトハウス会議）として紹介している。リコメンデーションとは推薦，推奨という意味であり，この提言によりアメリカは里親制度の方向を決定した。

コラム5

ルーズベルトのリコメンデーション

　家庭生活は，文明の最高にして最も素晴らしい所産である。緊急やむを得ない理由でない限り，子どもから家庭を奪ってはならない。もし両親が死亡あるいはやむを得ない事情で子どもが家庭生活を続けることができなくなる場合には，子どもの実の家庭に最も似た環境で育てられるべきである。

出所：松本武子『里親制度の実証的研究』建帛社，1991年，3頁。

　その後，1924（大正13）年の児童の権利に関するジュネーブ宣言や1959（昭和34）年11月20日に国際連合総会で採択された児童の権利に関する宣言を経て，1989（平成元）年11月20日，第44回国連総会において「児童の権利に関する条約」が採択された。日本は，1990（平成2）年9月21日にこの条約に署名し，1994（平成6）年4月22日に批准した（1994年5月22日に発効）。この条約は，世界の多くの児童（児童については18歳未満のすべての者と定義）が，今日なお，飢え，貧困等の困難な状況に置かれている状況にかんがみ，世界的な観点から児童の人権の尊重，保護の促進を目指したものである。

第1章　現代社会における児童家庭福祉の意義

　この「児童の権利に関する条約」の前文に、「家族が、社会の基礎的な集団として、並びに家族のすべての構成員、特に、児童の成長及び福祉のための自然な環境として、社会においてその責任を十分に引き受けることができるよう必要な保護及び援助を与えられるべきであることを確信し、児童が、その人格の完全かつ調和のとれた発達のため、家庭環境の下で幸福、愛情及び理解のある雰囲気の中で成長すべきであることを認め」とある。

　しかし、現在の家庭は、この条約が求める家庭になっているのだろうか。冒頭の河合隼雄の言葉のとおり、今の時代は、本当は家族一体となって行動しているはずなのだけれども、それが目に見えるかたちでわからないというむずかしさがある。このことについて、イギリスの歴史学者アーノルド・J・トインビー（Toynbee, A. J., 1889〜1975年、筆者注：セツルメント運動などで有名なアーノルド・トインビーと区別するため「J」を入れている）は、「家族が、もし、彼の仕事場に訪れたとしたら、仕事の邪魔になるでしょう。これに反し、農場では、家族は、彼の仕事に加わり、参加することによって仕事を助けるのです。こうした家庭の退化は、家族の団結にひびを入れ、子どもたちに必要な安全感を彼らから奪い、さらには、責任ある社会的、生産的な大人の生活を自然に見習う方法までも奪う恐れがあります。ですから、家庭の性格と、その仕事場との環境は変えねばならないとしても、家庭は、今後ともなくてはならないものであり、もし、家庭が崩壊するとしたら、大悲劇だと私は考えるのです」といっている。

　社会構造が複雑化しグローバル化が進むなか、家族を構成する人員は少なくなり、同時に家族それぞれが別な世界をもって生活している。斎藤茂太（1996年）は「人が大人になるということは、ある意味で、自己愛を傷つけられることの連続であろう。子どものころからきょうだい同士で喧嘩したり、あるいは友達とぶつかり合うこと、あるいは両親に叱られることで、幼児的で過大な自己愛が調整されていく。つまり、家族関係、友人関係、学校、そして職場など社会のなかでいろいろな人間関係によって、幼児的な自己愛が少しずつ調整され、自分にあったものになっていくのだ。ところが、そうした傷つきを体験せずに、過大な自己愛を持ったまま大人になってしまうと、その過大な自己愛が

傷つくような場には出ない，あるいは過大な自己愛を押し通そうとして，人と摩擦を起こしてばかりいるということになる」といっている。

　家庭こそが，人が最初に出会う人とのつながりの場であり，家庭を構成する家族の存在こそが，子どもを育てる基礎となる存在である。同時に，これは人類がつくりあげた大切な財産でもある。保育を学ぶものは，このことを大切にし，子どもたちへの支援をしていく役割をもっている。

コラム 6

詩にみる現代の「家族」(谷川俊太郎)

家　族
「パパはいつだってそうなんだから！」
むきになって母親が叫ぶ
「結局どっちもどっちってことよ」
けしかけるみたいに娘が割りこむ
「おまえなんか早く嫁に行け！」
「あら私のB・Fの電話取つながないくせに」
招いた友人たちに口をはさむ隙も与えず
親子三人自分たちの話題に夢中
開け放たれた窓からは丘陵を渡る涼風
このあたりいまや坪四百万とか
テーブルの上には食い散らかされた皿の数々
幸福な家庭はそれとは知らずに
幸福という名の芝居を演ずる
「もし停年まで体がもてば
そのあとおれはひとりで無人島に住むぞ」
何度となく開かされたセリフだが
本当は本気で言っているのである
（『詩を贈ろうとすることは』集英社，1991年）

出所：河合隼雄・谷川俊太郎・山田太一『家族はどこへいくのか』岩波書店，2000年，123～124頁。

第 1 章　現代社会における児童家庭福祉の意義

【ポイント整理】

○産業形態の変遷
　日本の産業形態は第一次産業である農林魚業が主軸であった時代から，第二次産業である製造業，鉱業・建設業への移行，さらに，第三次産業であるサービス業などへの転換がなされた。

○平均世帯人員の減少
　1953（昭和28）年には，5人であったのが，2013（平成25）年では2.51人。

○単独世帯，高齢者世帯，母子世帯の増加
　「単独世帯」1,328万5,000世帯（同26.5％），「高齢者世帯」は1,161万4,000世帯（全世帯の23.2％），「母子世帯」は82万1,000世帯（同1.6％）。

○雇用形態と格差
　2014（平成26）年の正規の職員・従業員数は3,278万人，非正規の職員・従業員数は1,962万人。年間収入では，正規職員・従業員は平均で500～699万円が22.4％ともっとも高く，次いで300～399万円が20.3％になっている。一方，非正規の職員・従業員は100～199万円が30.7％ともっとも高く，次いで100万円未満が25.8％となっている。

○子どもの貧困
　2012（平成24）年の「子どもの貧困率」（17歳以下）は16.3％。「子どもがいる現役世帯」（世帯主が18歳以上65歳未満で子どもがいる世帯）では，15.1％，「大人が一人」の世帯員では54.6％，「大人が二人以上」の世帯員では12.4％。

○子どもの貧困への対策
　「子どもの貧困対策の推進に関する法律」（平成25年法律第64号）を，第183回国会において成立し，2014（平成26）年1月17日から施行。

○ルソー（Rousseau. J. J., 1712～1778年）
　著書『エミール』のなかで，子どもという存在を発見し，さらに，子どもについての教育の必要性を説いた。

○エレン・ケイ（Ellen Key, 1849～1926年）
　家庭を国民教育の中心とする意味で，「母よ家庭に帰れ」と呼びかけている。さらに，『児童の世紀』（1900年）では，「人間を教育する際，最も力強い建設的な要素は，家庭の堅実で安定した秩序と，その平和と快適さである」。

○第一回全米児童福祉会議
　家庭生活は，文明の最高にしてもっとも素晴らしい所産である。緊急やむを得ない理由でない限り，子どもから家庭を奪ってはならない。

【振り返り問題】
1 現代の子どもの生活と，子どもの環境について考察してみよう。
2 子どもの貧困について，対策として何が必要なのかを話しあってみよう。
3 子どもの教育と家庭の役割について整理してみよう。

〈参考文献〉
河合隼雄・谷川俊太郎・山田太一『家族はどこへいくのか』岩波書店，2000年。
エレン・ケイ／小野寺信・小野寺百合子訳『児童の世紀』冨山房百科文庫，1979年。
斎藤茂太『いま家族にしか子供を守れない』KKベストセラーズ，1996年。
シング，J.A.L.／中野善達・清水知子訳『野生児の記録1　狼に育てられた子——カマラとアマラの養育日記』福村出版，1977年。
トインビー，A.J.・若泉敬／毎日新聞社外信部訳『未来を生きる——トインビーとの対話』毎日新聞社，1971年。
松本武子『里親制度の実証的研究』建帛社，1991年。
ルソー／今野一雄訳『エミール（上）』岩波文庫，1962年。

【文献案内】
エレン・ケイ／小野寺信・小野寺百合子訳『児童の世紀』冨山房百科文庫，1979年。
　——エレン・ケイはスウェーデンの教育問題の研究者である。彼女の活躍した時代のスウェーデンはヨーロッパ大陸とくらべると工業近代化の遅れた存在であり，児童労働の問題や婦人の地位の確立などが大きな課題であった。この本では「エレン・ケイは新しい児童教育を提案するとともに，母性と児童を保護するための立法を要求して，家庭を国民教育の中心とする意味で『母よ家庭に帰れ』と呼びかけている」など，女性活動家としてのエレン・ケイの思想が読みとれる。
ルソー／今野一雄訳『エミール（全3巻）』岩波書店，1962年。
　——この本には随所に気づかされるものがある。たとえば，子どもの質問で「子どもはどうしてできるの」というものがある。これに対してエミールはある婦人の言葉で説明している。婦人は「女の人はおしっこをするようにして子どもを生むんですよ。それはとても痛くてね，そのために死ぬこともあるんですよ」との解答である。保育士が，どう子どもに対峙すべきかを教えてくれるものでもある。
堀川恵子『永山則夫——封印された鑑定記録』岩波書店，2013年。
　——少年犯罪が厳罰化されつつあるなかで，永山事件の存在があらためて問われている。永山則夫は1968（昭和43）年10月から11月にかけて東京，京都，函館，名古屋で4件の殺人事件を起こし，1997（平成9）年8月に死刑になっている。逮捕時は19歳9か月で少年法が適用される年齢であった。この本は精神科医石川義弘による綿密なカウンセリングの録音テープをもとに永山則夫の犯罪について検証したものである。子どもの犯罪と家庭環境などを考えるための多くの情報がこの本のなかに書かれている。

（大塚良一）

第2章
児童家庭福祉の歴史的変遷

本章のポイント

本章では大きく3つの項目を学びながら，児童家庭福祉の変遷を理解しましょう。

最初に，わが国の児童家庭福祉の変遷を学びます。人びと，法律，出来事を学びながら過去を理解しましょう。

次に，諸外国における児童家庭福祉の変遷を学びます。児童家庭福祉だけではなく，近接領域もふくめ，大きな影響を与えた人物，法律，出来事を理解しましょう。この際，以下の1．2．に意識してください。

1．わが国では，どのような出来事が起きていた年なのか。
2．わが国の児童家庭福祉にどのような影響を与えたのか。

最後に，わが国の児童家庭福祉の最近を学びます。これまでの歴史をふまえ，わが国の社会と児童家庭福祉の現状を学びましょう。

第1節　わが国の児童家庭福祉の変遷

(1) 萌芽から第2次世界大戦終戦まで

かつて，わが国には「7歳までは神の子」あるいは「7歳までは神のうち」という言葉があった。これは，7歳までの子どもの死亡率が高かったことから，神同様に大切にするという考え方である。わが国では，さまざまなものには神が宿っており，大切にする考え方があった。多くの神々という意味である「八百万の神」という言葉は，こうしたわが国独特の考え方をもっともよく表

した言葉であるが，この考え方をふまえれば，おとなが子どもを「神の子」「神のうち」として大切にしていたことも理解できよう。しかし，この言葉には，別の側面もある。子どもが亡くなっても「人間ではなく神の子であり，神の元に帰るのだ」という考え方を表したものでもあるのだ。さらには，子どもが生まれたものの育てることができない場合，死産として「間引き」して神の元にお返しすることもあった。現代において「間引く」とは，畑に蒔いた種が発芽し，ある程度成長したところで間隔を空けるために抜き取る行為を指す。しかし，江戸時代以前はそうではなかったのである。

　また，出産は現代以上に一大事ととらえられていた。小学校の社会科で学習した江戸時代の参勤交代をおぼえているだろうか。この列の前を横切ることは「無礼」であり，1862（文久2）年に発生した生麦事件のように「無礼討ち」にされることがあった。しかし，出産に向かう産婆（現在の助産師に相当する）は列の前を横切ってもよいことになっていた。出産自体が一大事であり，労働力のほとんどを人に頼っていた状況において，母体の保護と新たな労働力の誕生は，行列を乱された大名の体面よりも優先されることなのであった。こうしたわが国において，児童家庭福祉はどのような変遷をたどってきたのであろうか。

　593（推古元）年，聖徳太子が建設した四天王寺のなかに，寺院である敬田院，孤児や身寄りのない高齢者のための施設である悲田院，病院である療病院，薬草を栽培し製薬した施薬院の4つが設けられた。これは，四箇院と呼ばれ，聖徳太子が力を入れていた救済・慈善事業のひとつであり，わが国における救済制度の起こりであるとともに，仏教的な慈善活動の始まりともいわれている。悲田院が設けられたことで，社会として無視することができないほど，多数の孤児が存在していたことが推測される。718（養老2）年には戸令という戸籍にもとづいた救済制度が設けられた。戸令は父のいない子ども，高齢者，病気の人を近親者が支え，近親者がいない場合は近隣の人びとで支える制度であった。古代における救済制度は，近親者や近隣の人びとの支えを前提としたものであり，支えを得ることのできない孤児や疾病者・高齢者に対しては，寺院や僧侶らが支えるかたちであった。

1869（明治2）年，日田県（現在の大分県）の初代県令（現在の県知事）であった松方正義が，捨て子などに対応するため「日田養育館」を設置する。

　1871（明治4）年，棄児（幼いころに捨てられた子ども）を養育する者に対し，子どもが15歳に達するまでの間，毎年米7斗が支給される棄児養育米給与方が公布された。明治時代になり，わが国はじょじょに近代へ歩み始めた。しかし，江戸から地名が変更された「東京」では，経済活動が停滞するなど，窮民・貧民が増加したのである。1872（明治5）年には修道女であったラクロット（Roclot, M., フランス，1814～1911年，別名：マリ・ジェスチン・ラクロ，メール・マチルド・ラクロット）が，横浜に「仁慈堂」を設立している。

　1873（明治6）年，東京に「養育院」が設けられた。養育院では，窮民のほか，棄児，迷児（親から捨てられて浮浪している子ども），遺児（服役中などの理由で親が養育できない子ども）に加え，感化が必要とされる子どもを収容した。

― コラム1 ―

養育院と渋沢栄一

　養育院は1874（明治7）年のロシア王族来日をきっかけに設けられた。貧民や迷児などが街中にいると体面が悪いため，当時の東京府が本郷の長屋に収容したのである。その後，府が建物を購入して「養育院」と命名し，収容していた貧民や迷児たちを移したのである。子どものためには幼童部を置いたが，後に感化法ができた1900（明治33）年には感化部も設置した。収容児童数は，棄児238人，迷児103人，遺児68人，感化部には58人という資料が残されている。

　1890（明治23）年，初代院長に就任した渋沢栄一は，前途に望みのある児童であり，将来は立派な国民となるとして特に感化部を重視していた。こうしたことから，感化部は1915（大正4）年に分離独立。吉祥寺に移転し「井之頭学校」となった。一方，幼童部ものちに分離され，曲折を経て現在は石神井学園として東京都社会福祉事業団が運営している。養育院としては，2000（平成12）年まで存続した。

　渋沢は，経済界の出身の事業家であるがじょじょに慈善事業との関係が深くなっていった。渋沢はキリスト教慈善事業家の原胤昭や，日本救世軍の山室軍平，滝乃川学園の石井亮一らともつながりをもち始めた。原は「必要な金は自然に神によって与えられる」と考えていたが，原にみられるように当時の慈善事業は志は高いが経済基盤がなく，経営も不安定であった。経済界出身の渋沢が行う慈善事業の方法とは大きく異なったものの，渋沢は志の高い慈善事業を評価しており，後に石井亮一を支えて滝

乃川学園の経営を引き受けている。また渋沢は貧富の格差や弱者に対する公的支援の必要性を強く訴えている。1908（明治41）年に設立された中央慈善協会の初代会長となったが，この組織は曲折を経ながら現在も続く「全国社会福祉協議会連合会」の前身である。渋沢は多くの企業の創立や，福祉団体の設立にかかわっており，経営的な視点もあわせて今なお影響を与えている。

近代化を急ぐわが国は，国外に対して体面を重んじるために，貧民や迷児たちを隔離した。現代であれば考えられないことであるが，そのことが結果としてわが国における公的支援の芽生えとなったのは，興味深いところである。

出所：山名敦子「渋沢栄一」室田保夫編著『人物でよむ近代日本社会福祉のあゆみ』ミネルヴァ書房，2006年，106～112頁。公益社団法人渋沢栄一記念財団HP（http://www.shibusawa.or.jp/，2015年10月30日閲覧）。地方独立行政法人東京都健康長寿医療センター　養育院・渋沢記念コーナーパンフレットをもとに筆者作成。

1874（明治7）年，恤救(じゅっきゅう)規則が公布された。これは，各府県が対応していた貧民政策を，内務省が統括するためのものであった。対象者は，極貧で身寄りと仕事がない廃疾者（障害者），同様の状況にある70歳以上の「重病」あるいは「老衰」の者，同様の状況にある「疾病」の者，同様の状況にある「13歳以下の孤児」などであった。孤児に対しては棄児養育米給与方同様に毎年米7斗が支給された。[1]

1877（明治10）年，現在の日本赤十字社の前身となる「博愛社」が設立される。西南戦争で発生した多数の傷病者に対応するため，ウィーンにおける赤十字社の活動にヒントを得た佐野常民と大給恒(おぎゅうゆずる)が設立した。西南戦争の終結後は，平時から災害救助のための救護員・医療設備・資金確保が必要との意見から恒久的な組織となった。またそのころ，各地で児童養護のための孤児院が設立された。1874（明治7）年に岩永アキらが浦上養育院を設立，1879（明治12）年には福田会(ふくでん)育児院が設立された。「福田会育児院」は仏教各宗派を越えた僧侶たちが協力した結果であった。孤児・貧児を会長や幹事らが引き取り，信徒や里親に養育を託し，近代における里親制度の先駆けともいえる事業を行った。現在は社会福祉法人福田会として，子どもの施設については福祉型障害児入所施設「宮代学園」と，児童養護施設「広尾フレンズ」を運営している。[2][3]

1887（明治20）年，石井十次によって岡山孤児院が設立された。1896（明治

29）年6月に「明治三陸地震」が発生し，大津波で孤児となった26人の子どもを北川波津が救済した。この活動をもとに1899（明治32）年に「東京孤児院」を創立した。「自分の住んでいる家を孤児院と呼ばれ，自分等を孤児，孤児と呼ばれることは子どもにとって辛いことだ」として施設の名称を「東京育成園」と変更し，現在も児童養護施設として東京都世田谷区で運営されている。(4)

―― コラム 2 ――

石井十次

　1865（慶応元）年，宮崎県生まれ。医師を目指して岡山の医学校に入学するものの，1886（明治19）年，イギリスのブリストル孤児院の創設者ジョージ・ミュラー（Müller, G.）の教えに感銘を受け，慈善会の設立を構想する。その後，3人の子どもを預かることとなり，孤児教育会と名づけて子どもたちを育てることとした。この活動が新聞で紹介された際に「岡山孤児院」と紹介されたため，岡山孤児院としての名前が広く知られるようになった。

　1891（明治24）年，石井十次は1890（明治23）年に小橋勝之助が設立した兵庫の博愛社と合併させるなどの幅広い活動を精力的に行っている。なお博愛社とは小橋勝之助が他界した後，1893（明治26）年に分離している。1891（明治24）年の濃尾地震では100人近くの震災孤児らを収容した。年長児を故郷の宮崎に移住させ，1905（明治38）年には東北の凶作地から825人を収容するなどの活動も行った。こうした活動を行うなかで「乳幼児から殖民（農民）として独立し，家庭を持つまで」の，子どものライフステージを支える児童養護の体系を構築しようとした。子どもを1人の人格をもった人間として養育し，社会人となり，家庭をもつまでの養護を実践したのである。当時は，子どものライフステージを見とおした養護にはほど遠く，こうした意味において，石井十次の実践はわが国の養護体制の質を向上させる取り組みを行った。

　一方では1909（明治42）年，大阪で初めての保育所となる愛染橋保育所を設置するなどの活動も行っている。

　出所：細井勇「石井十次」室田保夫編著『人物でよむ近代日本社会福祉のあゆみ』ミネルヴァ書房，2006年，19～25頁。菊池義昭「岡山孤児院」古川孝順・金子光一編『社会福祉発達史キーワード』有斐閣，2009年，40～41頁。右田紀久恵・髙澤武司・古川孝順編『社会福祉の歴史』有斐閣，2004年，210～344頁。室田保夫「博愛社の機関誌『博愛月報』——近代日本の社会事業雑誌」関西学院大学人間福祉学部研究会『Human welfare』3巻1号，2011年，5～21頁。野島正剛「社会福祉の歴史的変遷」大塚良一・小野澤昇・田中利則編著『子どもの生活を支える社会福祉』ミネルヴァ書房，2015年，39～58頁をもとに筆者作成。

1890（明治23）年に新潟静修学校に保育施設が設けられる。これより先の1872（明治5）年に学制が発布されている。当時のわが国は寺子屋が普及し，識字率は高かった。しかし寺子屋はあくまで私的な教育であり，統一した教育課程ももたなかったため，公教育の普及した欧米と比較して限界があった。一方で，子どもは重要な労働力であり，特に女児には子守という仕事があったため，学制発布以降の就学率が低かったのである。そこで，明治中ごろには乳幼児をつれて登校を認める「子守学校」「子守学級」が各地につくられた。しかし，乳幼児をつれて登校したものの，授業を受けている間に子守を行ってもらえるわけではなかった。手のすいている教職員が子守をしていたこともあったが，あくまでも厚意の範囲内であった。このような時代を背景に，赤沢鐘美・仲子夫妻の手によってわが国初の保育所が誕生することとなる。

---コラム3---

赤沢鐘美・仲子夫妻

　新潟静修学校は尋常小学校，中学科，夜間の文学専修科をもつ，赤沢鐘美が設置した家塾であった。幼児の子守をしながら勉強している生徒もいたことから，1890（明治23）年，仲子が幼児を別室に集めて託児所として保育を行った。これが，わが国初の保育所である。その後，これを伝え聞いた貧しい人びとが働くために子どもを預けに来たことから，じょじょに託児所としてのかたちを整え，1908（明治41）年に「守孤扶独幼稚児保護会」と名称を変更し，託児所となった。

　1937（昭和12）年，鐘美が死去したのにともない，静修学校は廃止となったが保育所は存続した。現在は社会福祉法人守孤扶独幼稚児保護会「赤沢保育園」の名称を用いて，新潟市中央区で運営されている。

　設立した赤沢鐘美・仲子については，残念ながらくわしい記録が残っていない。しかし，現在も残る「守孤扶独幼稚児保護会」という法人名には，保育環境に恵まれない孤独な子どもを守り，事情により両親が力をあわせることができない独り親を扶助し，このような状況にある幼児（幼稚児）の保護をするという意味が込められていることからも，子どもと保護者に対する赤沢夫妻の優しくも強い思いが伝わってくる。

出所：岩城富美子「急速な社会変化と幼児教育（その2）幼稚園・保育所のあゆみと幼児教育」日本幼稚園協会『幼児の教育』68巻8号．1969年，42〜47頁。社会福祉法人守孤扶独幼稚児保護会　赤沢保育園HP「赤沢保育園の歩み（創立から現在まで）」（http://www.akzw-hoiku.jp/about.html#enkaku，2015年10月30日閲覧）をもとに筆者作成。

第２章　児童家庭福祉の歴史的変遷

　1890（明治23）年には農繁期託児所が鳥取県に設けられる。農家の親たちは，田植えや稲刈りなどが忙しくなる農繁期に子どもの世話ができなくなることから，筧雄平が設けたのである。

　1890（明治23）年には，小橋勝之助がキリスト教の精神により，貧しい家庭の子どもを育む施設「博愛社」を兵庫県に設立する。なお，この博愛社は1877（明治10）年に設けられた博愛社とは異なる。現在は大阪市内で保育所や児童養護施設などを運営している。

　1894（明治27）年，鐘紡株式会社の東京工場に託児所が設けられた。これは，工場で働く主に女性労働者の子どもを預かることで，労働力の安定，向上，効率化をねらったものである。以降，各地で企業内託児所が設けられた。

　1897（明治30）年には知的障害児のための施設である「滝乃川学園」が設立された。このとき尽力したのが石井亮一である。

― コラム4 ―

石井亮一

　1867（慶応3）年，佐賀県生まれ。立教大学卒業後，立教女学校の教頭となる。1891（明治24）年，孤児の教育施設である「東京救育院」を運営する。同年10月に岐阜県を震源とする濃尾地震が発生した。壊滅的な状況となり，女子が身売りをし娼婦にされていることを知った亮一は，女子を対象とした「孤女学院」を設立する。知的障害の入所児童がいたことをきっかけとして，亮一は知的障害に関心をもち，以降アメリカで実地研修や研究を行った。

　1897（明治30）年，孤女学院を当時の所在地であった東京滝野川にちなんで「滝乃川学園」と名称を変更した。同時にわが国初の知的障害児の専門施設として，知的障害児のみの受け入れを開始した。孤女学院時代から在籍していた女子に対しては，引き続き教育を行った。「保母養成部」を置いて知的障害児の教育法を学ばせることで，女子たちが自立した生活ができるようにした。

　1920（大正9）年，失火によって入所児童に犠牲者が出た。亮一は閉鎖も考えたが，賛同者や妻・筆子の広い人脈もあり，皇室や市民から多くの見舞金や支援が寄せられた。一方，亮一が学園の養育と教育に専念できるようにと，渋沢栄一が理事長に就任した。渋沢が学園の経営を引き受けたことで，じょじょに経営は安定し事業は継続した。また亮一の死後は，筆子がその後を引き継いだ。現在は東京都立川に移転し，成人も対象に加えて運営されている。

出所：宇都榮子「石井亮一」室田保夫編著『人物でよむ近代日本社会福祉のあゆみ』ミネルヴァ書房，2006年，48～54頁。菊池義昭「孤女学院・滝乃川学園」古川孝順・金子光一編『社会福祉発達史キーワード』有斐閣，2009年，46～47頁。右田紀久恵・髙澤武司・古川孝順編『社会福祉の歴史』有斐閣，2004年，210～344頁。社会福祉法人滝乃川学園HP（http://www.takinogawagakuen.jp/，2015年11月13日閲覧）。野島正剛「社会福祉の歴史的変遷」大塚良一・小野澤昇・田中利則編著『子どもの生活を支える社会福祉』ミネルヴァ書房，2015年，39～58頁をもとに筆者作成。

1900（明治33）年に野口幽香と森島（斎藤）峰（美根）が二葉幼稚園を設立する。東京や大阪などの都市においては，1880年代ごろに貧民窟が注目されるようになった。貧民窟は，貧民が集まって多く住む地域のことである。政府は近代化を押し進めるなかで，大量の労働力が必要となったが，それを農村部からの出稼ぎ労働者に頼ったのである。貧しい出稼ぎ労働者の子どもにこそ教育が必要であるとして二葉幼稚園を設立したのである。

―― コラム5 ――

野口幽香

　1866（慶応2）年，兵庫県生まれ。1885（明治18）年，東京女子師範学校に入学。上級生の影響を受け，幼児教育の道に進むこととなり，卒業後は女子師範学校附属幼稚園に勤務する。その後，華族女学校の幼稚園に異動した。幽香はフレーベルを理想としており，同僚である森島（その後「斎藤」となる）峰（「美根」とも）とともに理想の幼稚園である「二葉幼稚園」を1900（明治33）年に開設した。家業の手伝いに役立つ学びなどを取り入れるなど，貧しい子どもを対象とした保育に取り組んだ。また，貧しさのために登校できない小学生や，貧しい母子家庭への支援も行うようになった。

　1916（大正5）年に「二葉保育園」と名称を変更するとともに保育所へ移行した。貧しい子どもたちへの保育に情熱をそそいだが，幼児教育をこうした防貧に適用し，貧困家庭の子どもにまで実施した。どのような家庭での子どもであっても，適切な教育と養護が必要であり，こうしたかかわりがあらゆる社会問題に対する根本的な対応になると幽香は考えたが，こうした信念は一方で，裕福な家庭の子どもに保育を行う幼稚園の位置づけとかけはなれることとなった。現実的に乳幼児を預かっていたこともあり，社会事業（現在の社会福祉）として設置が進められてきた保育所としての運営に移行した。

　1923（大正12）年の関東大震災や，第2次世界大戦の空襲など，多くの被害を受け

ながらも，現在は保育所，乳児院，児童養護施設を運営するまでに発展している。

出所：松本園子「野口幽香」室田保夫編著『人物でよむ近代日本社会福祉のあゆみ』ミネルヴァ書房，2006年，56〜62頁。山本真実「二葉保育園（幼稚園）」古川孝順・金子光一編『社会福祉発達史キーワード』有斐閣，2009年，60〜61頁。右田紀久恵・高澤武司・古川孝順編『社会福祉の歴史』有斐閣，2004年，210〜344頁。社会福祉法人二葉保育園HP「100年のあゆみ」（http://www.futaba-yuka.or.jp/main_site/history.html，2015年11月12日閲覧）。野島正剛「社会福祉の歴史的変遷」大塚良一・小野澤昇・田中利則編著『子どもの生活を支える社会福祉』ミネルヴァ書房，2015年，39〜58頁をもとに筆者作成。

同じ1900（明治33）年には，「感化法」が制定された。非行を行った少年を保護し，感化院に入所させて更正させるものである。多くの場合，監獄内に非行を行った少年を更生させる施設があったが，効果は不十分であった。これより先，1883（明治16）年に大阪で神道祈禱所（きとう）を開いていた池上雪枝は，非行少年のために自宅に感化院を設立している。1885（明治18）年には教誨師（きょうかい）の高瀬真卿（しんきょう）が東京に予備感化院を，翌1886（明治19）年には僧侶の服部元良が千葉感化院を設立している。また1899（明治32）年には留岡幸助が一人の少年を預かり，感化院としての活動を始めている。財政難もあり，公立の感化院は感化法公布後も設置が進まなかった。志をもった人びとが設立した私立感化院の方が先を行く結果となっているのは，ほかの児童福祉の施設と同様であった。

── コラム6 ──

留岡幸助

1864（元治元）年，岡山県に生まれた。留岡はキリスト教に入信するが，「神の前では平等」という教えに感銘を受けてのことである。同志社を卒業後，教会の牧師となった後，1891（明治24）年に北海道空知集治監（現在の刑務所）の教誨師（受刑者に改心するよう教え諭す）となった。受刑者との面談を重ねるうちに，罪を犯す要因に家庭や生育環境に問題があることに気づいた。問題意識をもった留岡は1894（明治27）年，アメリカに渡った。考え方や生き方に影響を与えて自然に変化させる「感化教育」や，監獄の改良について学んで帰国した。

1899（明治32）年，東京巣鴨において一人の少年を預かり感化院としての活動を始めた。この感化院は「家庭にして学校」「学校にして家庭」という考えを反映させ「家庭学校」と名づけた。家庭学校に「師範部」をおいて慈善事業を行う者を育てる

ほか，苦学生のための私塾を設立した。1914（大正3）年には北海道に，1923（大正12）年には神奈川県茅ヶ崎に，それぞれ家庭学校の分校を設けた。

　1900（明治33）年に感化法が公布されたが，感化院における児童の処遇は感化法に示されておらず，内務省が講習会によって処遇のあるべき姿を示した。講習会では，留岡が行った家庭学校での実践をひとつのモデルとしていた。留岡は「子どもは，救うべきもの，導くべきもの，教うべきもの，愛すべきもの」という児童観をもっていた。「家庭にして学校，学校にして家庭，愛と智がいっぱいに溢れた環境」を家庭学校でつくり，「能く働き，能く食べ，能く眠らしめる」という三能主義（留岡精神）を家庭学校で実践した。

　その後，家庭学校は1935（昭和10）年に巣鴨から高井戸に移転し，1952（昭和27）年には「東京家庭学校」と改称した。現在は児童養護施設としての認可を受けて運営されている。北海道の分校は1952（昭和27）年に「北海道家庭学校」と改称した後，1968（昭和43）年に東京家庭学校から分離したが，今なお児童自立支援施設としての運営を続けている。茅ヶ崎の分校は閉鎖されたが，当時の東京府が引き継いで運営した後，現在は東京都青梅で児童自立支援施設「東京都立誠明学園」として運営されている。留岡が設立した3つの施設は，現在ではすべて運営法人が異なっているものの，誠明学園と東京家庭学校が2006（平成18）年から提携してグループホームを設立するなど，その思いを引き継いで今に至っている。

　出所：室田保夫「留岡幸助」室田保夫編著『人物でよむ近代日本社会福祉のあゆみ』ミネルヴァ書房，2006年，63～69頁。工藤隆治「家庭学校」古川孝順・金子光一編『社会福祉発達史キーワード』有斐閣，2009年，60～61頁。右田紀久恵・高澤武司・古川孝順編『社会福祉の歴史』有斐閣，2004年，210～344頁。東京家庭学校HP「施設概要」(http://katei-gakko.jp/introduction.html，2015年10月30日閲覧)。東京家庭学校パンフレット「沿革」(http://katei-gakko.jp，2015年11月11日閲覧)。北海道家庭学校HP（http://kateigakko.org/，2015年10月30日閲覧）。野島正剛「社会福祉の歴史的変遷」大塚良一・小野澤昇・田中利則編著『子どもの生活を支える社会福祉』ミネルヴァ書房，2015年，39～58頁をもとに筆者作成。

　感化法は1907（明治40）年に改正され，設置にともなう財政が国庫負担になるなどし，沖縄県をのぞく道府県に公立感化院，もしくは私立の代用感化院が設置された。その後，1933（昭和8）年には感化法を全面改正した少年救護法が公布されたため，感化法は廃止された。[8]

　1911（明治44）年に「工場法」が成立する。この工場法は資本家の反対によって，1916（大正5）年に実施された。最初の工場法はイギリスで1802年につくられたが，100年以上遅れて成立したこととなる。

1929（昭和4）年，恤救規則は救護法となり，貧困により生活が困難な65歳以上の老衰者，13歳以下の子ども，妊産婦，さらに条件つきながら母子が救済対象となった。

1936（昭和11）年に方面委員令が公布された。地域に在住する貧しい住民を訪問して，問題の早期解決を図る防貧制度・救貧制度であり，現在の民生委員制度の前身である。同様の制度は，すでに岡山や大阪でも実施されていた。このうち大阪では，1917（大正6）年に当時の林市蔵知事が「保育所・幼児教育の完備」を具体的目標に掲げるなど，地域福祉のみならず，児童福祉への取り組みもなされている。

1937（昭和12）年には母子保護法が制定された。これまで母子については1932（昭和7）年に成立した救護法によって救済されていた。労働能力のある者は対象とされていなかったため，1歳未満の乳児をもつ母親を市町村長が救済の判断を行っていた。こうしたなかで成立した母子保護法は，13歳以下の子を養育する母で配偶者を欠き，生活あるいは養育できない場合を救済対象とした。1938（昭和13）年には社会事業法も制定された。また，福祉行政を所管していた内務省衛生局，社会局を統合し，厚生省（現・厚生労働省）が設置された。翌1939（昭和14）年には，児童問題へ対応するために「児童課」が設置された。1941（昭和16）年12月，わが国はアメリカに宣戦布告を行い，第2次世界大戦（太平洋戦争）に突入する。これに先立つ同年1月には「産めよ，増やせよ」というスローガンが閣議決定されている。これは資源も乏しく，高度な武器がない当時の日本軍は，何事にも人的資源が不可欠であったのである。こうしたスローガンは，軍隊を強くするためには人口の増加が欠かせないため，子どもを産み育てることを国民に働きかけるためにつくられたものである。

1942（昭和17）年，高木憲次の尽力により整肢療護園が開園する。

---コラム7---

高木憲次

高木は1915（大正4）年，東京帝国大学医科大学を卒業した。整形外科医局に入っ

た後，肢体不自由者への興味から，東京の貧民窟で肢体不自由者の実態調査を行った。その結果から，治療に専念すれば教育の機会を失い，教育を受ければ治療の機会を失うため，治療とともに教育を受けることができる「教療所」の必要性を主張した。

ドイツ留学後の1924（大正13）年，『クリュッペルハイムに就て』を発表した。不治の病と放置されていた者が多い状況を心配し，治療と教育，職能付与による自立の必要を説くとともに，わが国にもこのような機能を備える「クリュッペルハイム」の必要を説いた。

1928（昭和3）年ごろ，ある患者の言葉をヒントに「肢体不自由」の名称を提唱する。1932（昭和7）年，東京市立光明学校が開校する。高木の恩師田代義徳が肢体不自由児の保護施設の必要を力説し，市が調査した結果，約700人の肢体不自由児が小学校に在籍し，新たな学校の必要性が出てきたからであった。

1942（昭和17）年，整肢療護園が開園する。高木は念願であったクリュッペルハイムを実現したのだ。1945（昭和20）年3月には空襲で宿舎以外は焼けてしまったが，1946（昭和21）年5月には業務を再開した。高木や人びとの努力により1952（昭和27）年には本館が再建されるなど発展してきた。現在，東京都板橋区にある心身障害児総合医療療育センターは整肢療護園を母体とし，高木が理想としたクリュッペルハイムの思いを発展させようとしている。

出所：心身障害児総合医療療育センターHP「沿革」（https://www.ryouiku-net.com/introduction/index03.html，2015年10月30日閲覧）。村田茂「時代を読む30——高木憲次と肢体不自由児療育事業」公益財団法人日本障害者リハビリテーション協会情報センター「ノーマライゼーション　障害者の福祉」32巻369号，2012年4月（http://www.dinf.ne.jp/doc/japanese/prdl/jsrd/norma/n369/n369001.html，2015年10月30日閲覧）をもとに筆者作成。

同じ1942（昭和17）年には妊産婦手帳の制度が始まった。戦時中であり，生活物資は自由に購入することができず，一定量が配給される制度となっていた。この手帳を持参すると妊婦であることが証明されたため，米が多く配給されるなど，特典を受けることができたのである。戦争をきっかけとして福祉が整っていったのである。

（2）第2次世界大戦終戦後から1989（平成元）年まで

第2次世界大戦が終わり，わが国は多くの問題を抱えることになる。特に児童家庭福祉の分野では，戦争で身寄りを失った「戦争孤児」が大きな問題となった。戦地などから戻ってきた「引き揚げ者」により人口が増加し，食糧不

足，インフレや景気の後退など，おとなでも生活に困っている状況であった。家も身寄りもなくした子どもは，人の多く集まる駅などにたむろし，物ごいや靴磨き，ゴミ箱あさり，なかには犯罪に手を染める者もいた。生きるために必死だったのである。政府もこれまでの対応では応じきれなくなった。日本に進駐してきた連合国軍は福祉救済に関して，国家責任，無差別平等，最低生活の保障の3原則を示した。

1945（昭和20）年9月15日，同20日と，戦災孤児への対策が出された。孤児を保護する内容であったが，十分な効果を上げることはできなかった。翌1946（昭和21）年にはGHQの意向を受けるかたちで通知が出され，孤児をつかまえて施設に収容する「狩り込み」が行われた。なかには，檻のついた施設に収容される子どももいた。東京では養育院などの施設がパンクするほどの人数であったため，千葉や静岡に養育院の分院や委託施設を設けるなどの対応を行った。[12][13]

1946（昭和21）年には大日本帝国憲法を改廃して日本国憲法が公布され，次いで生活保護法が制定された。この際，母子保護法については廃止され，生活困窮者への対策として生活保護法に統合された。またこの年，糸賀一雄が近江学園を設立する。

--- コラム 8 ---

糸 賀 一 雄

1914（大正3）年生まれ。松江高等学校に入学後，病気により休学する。その際，キリスト教と出会い入信する。京都帝国大学卒業後に尋常小学校の代用教員に就く。1939（昭和14）年，軍に召集されたが，病気入院のため除隊（兵としての勤務を解除）された後，滋賀県庁に勤務した。知事官房秘書課長時代は近藤穣太郎知事の下で社会事業を行った。近藤から「事業は人である」と教えられたことにより，この言葉が糸賀の人生に深い影響を与える。

1942（昭和17）年，軍人遺族のうち，虚弱な児童に対する生活と学習を指導する「三津浜学園」を創設する。代用教員時代の同僚を呼ぶなど，施設の充実に力をそそいだ。また，知的障害児の施設「石山学園」を設立した。

第2次世界大戦後の1946（昭和21）年，施設が不足していた状況から糸賀が中心となって，児童養護施設と知的障害児施設の機能をもつ「近江学園」を設立した。すべての職員が住み込みで生活を行い，給料はすべて金庫に集められて運営と職員の生活

費に充てられるなど，ほかの施設にみられない運営方法を採用した。1963（昭和38）年には重症心身障害児施設「びわこ学園」を設立するなど，多くの施設を設立した。糸賀はあわれみではなく，子どもたち自身が輝く素材であり，この素材をさらに輝かそうとし，思想的な基点として「この子らを世の光に」を象徴として用いた。

1968（昭和43）年，糸賀は54歳の若さで他界した。重症心身障害児の記録映画やびわこ学園設立のための費用が借金として残ったが，「糸賀の借金は国民の借金」として，国内外から多くの寄付が寄せられている。

出所：蜂谷俊隆「糸賀一雄」室田保夫編著『人物でよむ近代日本社会福祉のあゆみ』ミネルヴァ書房，2006年，228〜234頁。菊池義昭「この子らを世の光に──自伝・近江学園二十年の願い」古川孝順・金子光一編『社会福祉発達史キーワード』有斐閣，2009年，164〜165頁。右田紀久恵・髙澤武司・古川孝順編『社会福祉の歴史』有斐閣，2004年，210〜344頁。野島正剛「社会福祉の歴史的変遷」大塚良一・小野澤昇・田中利則編著『子どもの生活を支える社会福祉』ミネルヴァ書房，2015年，39〜58頁をもとに筆者作成。

1947（昭和22）年には児童福祉法が制定され，1951（昭和26）年には児童憲章が制定された。児童福祉法は国民である児童の生活を保護するものである。そのため，児童福祉法における対象者はすべての児童であったものの，実際には当時の最重要課題であった「戦争孤児」を対象とする政策が主であった。また，戦力としての「産めよ増やせよ」から転換し，児童を愛護する対象として位置づけた。児童福祉法はこうした国民の児童観にふみ込んで制定されている。これについて，児童福祉法の草案作成者である厚生省の松崎芳伸は，採用されなかった草案に「すべて児童は歴史の希望である」という文言を入れていた。わが国は，新たな児童観をもって「新しい日本」をつくろうとしたのである。

1948（昭和23）年，「保育要領」が刊行される。現在の幼稚園教育要領の前身であり倉橋惣三（くらはしそうぞう）らが作成に携わった。この「保育要領」は幼稚園だけでなく，保育所や家庭における保育の手引書を目指した試案として刊行された。1950（昭和25）年には「保育所運営要領」が発刊された。厚生省からの一試案として，保育所の運営のあり方について基本的な指針を示すものであった。

─ コラム9 ─

倉橋惣三

1882（明治15）年生まれ。1910（明治43）年に東京女子高等師範学校講師となる。

1917（大正6）年に東京女子高等師範学校教授兼附属幼稚園主事となり，附属幼稚園の恩物を玩具として開放した。1919（大正8）年からカナダ，アメリカ，イギリスなど，2年間の欧米留学を命ぜられた。その際，モンテッソーリの講演を聞くなどし，海外から日本の保育を見つめ直した。1936（昭和11）年には『育ての心』を出版する。戦後は，1946（昭和21）年に教育刷新委員会の委員となり，新しい日本の教育・保育の構築に取り組んだ。1948（昭和23）年に刊行された「保育要領」を作成するなど，第2次世界大戦直後の保育界をリードする存在であった。

　倉橋の保育論は，ペスタロッチ，フレーベルをふまえたうえで，保育の現場で子どもと実際にふれあうなかから生成されている。すべての幼児が就学前教育を，同様の施設で，等しく教育を受けることを信念としていたが，教育刷新委員会の答申に十分に反映させることができなかった。しかし「将来，幼稚園は五歳から義務教育とするのを適当」との一文を明記させた。また，「学校教育法」に幼稚園を位置づけ，満3歳以上のすべての幼児が幼児教育を受けることができる基礎をつくった。

出所：松川恵子「今，改めて『保育』について考える——戦後の『幼児の教育』誌上における倉橋惣三の論考を基に」『仁愛女子短期大学研究紀要』46，2014年，83～89頁をもとに筆者作成。

　1948（昭和23）年は，民生委員法が制定される。また1949（昭和24）年には，身体障害者福祉法が制定された。生活保護法，児童福祉法，身体障害者福祉法の3つの法律は「社会福祉三法」と呼ばれ，主要な法律であるとの位置づけがなされた。1951（昭和26）年には社会福祉全般について規定した社会福祉事業法が制定される。1959（昭和34）年には国民年金法が成立し，すべての国民が何らかの年金に加入する「皆年金制度」へ移行した。1958（昭和33）年には国民健康保険法が成立し，1961（昭和36）年よりすべての国民が何らかの医療保険に加入する「皆保険制度」へと移行した。こうした社会福祉全般にも対策が行われていった。

　1952（昭和27）年には母子福祉資金の貸付等に関する法律が施行されたが，戦争によって増加した母子家庭への支援も急務であった。また同年には厚生省が保育指針を刊行した。現在の保育所保育指針の前身である。1961（昭和36）年に児童扶養手当法が成立する。

　1964（昭和39）年に母子福祉法が制定された。生活困窮者対策の枠組みでは不十分であること，また抜本的な対応が必要なことから，母子福祉資金の貸付

等に関する法律の内容をふまえて制定された。なお，母子福祉法は，先の「社会福祉三法」に加え，1960（昭和35）年制定の精神薄弱者福祉法（現・知的障害者福祉法），1963（昭和38）年制定の老人福祉法とあわせて「福祉六法」と呼ばれている。1965（昭和40）年には，母子保健法も制定され，母性を守ることで子どもが健やかに生まれ，育っていくための基盤が整備された。

　1964（昭和39）年に重度精神薄弱児扶養手当が成立した。これは，先の精神薄弱者福祉法の成立を受け，家庭で重度の知的障害児を扶養している者を対象としたものである。のちに，1966（昭和41）年に特別児童扶養手当法となり，さらに現在では特別児童扶養手当等の支給に関する法律へと名称が変更され，対象者の範囲も拡大している。

　1965（昭和40）年に初めての保育所保育指針が作成され，通達された。1968（昭和43）年には東京都が無認可保育施設へ公費助成を行った。高度成長のなか，女性の労働力を必要としたが保育所の数が圧倒的に不足し，都市部において「ポストの数ほど保育所を」をスローガンに保育所増設運動が起こった。こうした状況を受けて無認可保育施設も設立されたが，公費負担がなかったために保護者が全額自己負担しなければならず，経済的負担が大きかった。

　1971（昭和46）年には，児童手当法が施行された。児童の養育に対する現金給付である。この児童手当に加え，児童福祉法，児童扶養手当法，特別児童扶養手当法（現・特別児童扶養手当等の支給に関する法律），母子福祉法（現・母子及び父子並びに寡婦福祉法），母子保健法の6つの法律は「児童福祉六法」と呼ばれ，児童家庭福祉の重要な法律となっている。

　1981（昭和56）年，母子及び寡婦福祉法（現・母子及び父子並びに寡婦福祉法）が成立する。母子福祉法は母子家庭を対象にしてきたが，子どもが成人・独立した後も，母の生活は引き続き経済的に困窮した状況が多いことから「寡婦」を対象にした支援が急務となっていた。[14]

第2節　諸外国の児童家庭福祉の変遷

　みなさんは『フランダースの犬』というテレビアニメを見たことがあるだろうか。少年ネロは祖父ジェハンと暮らしている。愛犬パトラッシュが荷馬車を引いて，牛乳を町まで運ぶわずかな収入で生活している。労働する姿，そして，最後に疲れ果ててネロとパトラッシュが亡くなる場面は，何度見ても胸が痛くなる。福祉政策がない時代，ネロのように支援を受けられずに亡くなっていった子どもは数え切れないほどであっただろう。

　古代のヨーロッパではキリスト教の発展にあわせ，子どもを救済する動きがあった。子殺しや子捨てを防止するために貧しい家庭に対して支援を行った[15]。中でも10世紀ごろのイギリスでは，領主は広い土地を所有し，農奴と呼ばれる農民を支配することで地域社会を形成していた。農奴はほかの土地への移動を禁じられ，年貢を取り立てられるなどの，きびしい生活を送っていた。農奴たちはお互いに助けあい，万が一の場合には生活の保障を受けることもできた。この助けあいから外れていたのが，孤児や高齢者・障害者などであった。孤児たちは公的な制度としての支援ではなく，神に対する義務として教会を中心にした「慈善活動」に助けられていたのである。都市部ではギルドと呼ばれる共同体が形成された。5～6歳になると徒弟として厳しい職業訓練を受け，「小さなおとな」として扱われていた[16]。

　その後，自営する農民が増えてきたが，助けあいの力が弱まったことで土地を追われる農民が出てきた。また，戦争が起こり，浮浪者が増加した。その結果，貧民が急増したのである。条例などによる対策を行ったものの，増加するペースに対処ができなかった。1536年には，物ごいを禁止し，労働意欲がある者に仕事を提供し，貧しい児童には徒弟（住み込みで仕事の教えを受ける）の強制が行われるなどの対策を盛り込んだ法律の改定が行われたが，根本的な解決には至らなかった。

　1601年，イギリスで「エリザベス救貧法」が制定された。このエリザベス救

33

貧法では，慈善事業として教会を中心として行ってきた救貧対策を，国家が実施するように変更したのである。貧しい人たちの状況を3つに区別し，①「労働の能力のある者」には道具や材料を与えて労働をさせる。②「労働の能力がない者」には金品の給付を行う。③「扶養能力がない貧しい親の子ども」には徒弟を強制した。財源を税金とし，安定的に確保するようにした。エリザベス救貧法は画期的であったが，運用に差異があるなどの問題が生じた。また，1642年にピューリタン革命が起こるなど，不安定な状況が続いた。

1760年代にイギリスで起こった産業革命は，工程がこれまでの手作業から機械に変わったことで効率的になり，製品を大量につくることができるようになった。労働者は時間を売ることで賃金を得るようになったのである。工場では未経験者や女性はもちろん，幼い子どもを安い賃金で雇う傾向が強くなった。蒸気機関に必要な石炭も，より効率的に採取するために体の大きな成人男性から子どもを使用するようになった。身体の小さな子どもの方が，石炭を掘り出すために鉱山に掘る坑道（トンネル）の断面が小さくて済むからである。子どもは劣悪な環境で働くようになった。そのため，当時の労働者の平均寿命は15歳であったといわれている。

1762年，主にフランスで活躍していたルソー（Rousseau, J. J.）が『エミール』を著した。ルソーに影響を受けたペスタロッチ（Pestalozzi, J. H.）は主にスイスで活躍していたが，貧民学校や孤児院などを設立し，貧しい子どもたちへの慈善事業や教育を実践している。ペスタロッチは『隠者の夕暮』『リーンハルトとゲルトルート』『シュタンツだより』などを著している。こうした実践は前述のオウエンや，幼稚園を創設したフレーベルにも影響を与えている。ルソーやペスタロッチは，子どもを労働力や社会の再生産のためととらえず，子どもを独自の存在としてとらえる「新たな子ども観」を登場させている。

1776年，アメリカはイギリスの植民地から独立し，一つの国となった。アメリカには植民地時代に大規模な農業を行うための労働力として，アフリカから奴隷として連れてこられた人びとがいる。独立後も南北戦争で北部が勝つまでは奴隷制度が継続され，人種問題として後を引きずることとなった。植民地時

代，成功者を目指して移住してきた人びとも，すべての移住者が成功者になることはできなかった。労働ができなくなった人びとと，景気の変化により貧しくなる人びととの存在が大きくなってきたのである。そのため，イギリスで実施されたエリザベス救貧法同様の「救貧法」を設ける地域が出てきたのである。独立後は，カウンティ（郡に相当する）を単位とした救貧制度が実施されるようになった。

1802年にイギリスで「工場法」と呼ばれる法律が成立した。別名「徒弟の健康および道徳を保護するための法律」とも呼ばれ，児童の労働を規制する法律である。「イギリス児童労働調査委員会」が労働者の平均寿命などについて注目し，将来的に労働力が不足する可能性を社会問題にしたのである。就業年齢を9歳とし，労働時間は9〜18歳の場合で12時間に制限した。良質な労働力を再生産するために教育が不可欠として，教育を受ける機会が与えられたが，ほとんど実施されなかった。

1816年，オウエン（Owen, R.）は経営していた工場内に「性格形成学院」を開設した。教育の重要性については，アダム・スミス（Smith, A.）も1776年に著した『国富論』で説いており，教育によって良質な労働力を確保しようとする動きが，結果として子どもの福祉に影響を与えたのである。

1833年にイギリスで出された新たな工場法では，オウエンらの影響により，工場法を守らせる工場査察官が任命された。また，1834年には新たな救貧法が制定された。バスティーユ襲撃（1789年）に始まったフランス革命など，ヨーロッパ各地で不安定な状況が続いていたが，産業革命によってこれまで以上に貧富の差を生じ，貧しい人びとはよりきびしい生活を送ることになった。このような状況に子どもも巻き込まれたのである。暴動が起こるなどの不満が高まり，イギリスでは民間の救済活動も活発化し，1869年に慈善組織協会が設立され，救済活動が組織化された。1870年には，バーナード（Barnard, J.）が孤児院であるバーナード・ホームを設立した。

─ コラム 10 ─

ドクター・バーナード・ホームの事業

　ドクター・バーナード・ホームは，トーマス・ジョン・バーナードが設立した。1866年，バーナードは貧民学校の監督となった。ある晩，かろうじて夜露を避けながら寝る，家のない何十人もの子どもたちをみて，バーナードは「何かしなければならない」という気持ちをもった。それをきっかけに，1868年にドクター・バーナード・ホームの事業拠点となる「イーストエンド少年伝導団」を設立した。その後，1870年に最初のホームを設けたのである。

　あるとき，「ホームに入所させてほしい」と熱心にたのむ子どもがホームにやって来た。しかし，空きベッドが少ないことから入所を断った。数日後，その子どもが疲労と空腹で死亡しているのがみつかったのである。バーナードは二度と起こらないように「貧しい子どもはだれでも受け入れる」という基本姿勢を打ち出すとともに，施設の外にこの看板を出した。バーナードの思想はわが国にも伝えられ，石井十次らがモデルにしている。ドクター・バーナード・ホームでは，5～9歳の子どもを対象に里親委託を実施し，12～13歳になると施設に戻らせて職業訓練を実施した。

　こうした取り組みは，岡山孤児院を設立した石井十次や，第2次世界大戦後にエリザベス・サンダースホームを設立した澤田美喜らに影響を与えている。

　出所：三上邦彦「トーマス・ジョン・バーナード」室田保夫編著『人物でよむ西洋社会福祉のあゆみ』ミネルヴァ書房，2013年，112～118頁。野島正剛「社会福祉の歴史的変遷」大塚良一・小野澤昇・田中利則編著『子どもの生活を支える社会福祉』ミネルヴァ書房，2015年，39～58頁をもとに筆者作成。

　1860年までに，アメリカではほとんどの地域で貧民院が建設される事態となった。深刻な不況が影響したのである。さらに1873年から1896年にかけて世界的な大不況に見舞われた。このとき，イギリスから導入された「慈善組織協会」が全米各地に広がった。このようななかで活躍したのがジェーン・アダムズ（Addams, J.）である。

─ コラム 11 ─

ジェーン・アダムズとハル・ハウス

　1860年，イリノイ州生まれ。1877年に高校を卒業後，ロックフォード女子大学に入学。このとき，ハル・ハウスを一緒に始めるエレン・ゲーツ・スターと出会う。卒業後は医師を目指して医科大学に入学する。病気となり医師を断念する。1887年，旅行先での出来事をきっかけに生活を改め，バーネット夫妻のいるトインビー・ホールを

第2章 児童家庭福祉の歴史的変遷

訪ね,セツルメントを学んだ。
　1889年,シカゴの貧民街にハル・ハウスを設けた。子どもや移民の問題を取り上げ,社会改良活動の拠点ともなった。その活動は革命的な手段をとらず,あくまでもボランタリー精神による行動によって問題を解決し,社会を改善しようとするものであった。
　出所:木原活信「ジェーン・アダムズ」室田保夫編著『人物でよむ西洋社会福祉のあゆみ』ミネルヴァ書房,2013年,112〜118頁。野島正剛「社会福祉の歴史的変遷」大塚良一・小野澤昇・田中利則編著『子どもの生活を支える社会福祉』ミネルヴァ書房,2015年,39〜58頁をもとに筆者作成。

　1874年,アメリカのニューヨークで,また1883年にはイギリスのリバプールで児童虐待防止協会が設立された。1889年にはイギリスで児童虐待防止法が制定された。
　1899年,デューイ（Dewey, J.）が『学校と社会』を著す。デューイはアメリカの哲学者であり,教育者,思想家であり,わが国の教育に多大な影響を与えた。翌1900年にはスウェーデンの教育者であるエレン・ケイ（Ellen Key）が『児童の世紀』を著した。「20世紀は子どもの世紀である」と著し,ルソーやペスタロッチの流れをくみながら,新しい子ども観を発展させ「児童中心主義」として昇華させていった。

---コラム12---

エレン・ケイ

　1849年,スウェーデン生まれ。父は政治家であり,一時期はエレンが秘書を行っていた。そのため,諸外国で見聞を広め,著名人にも会う機会があった。そのことで女性問題に関心をもつようになった。その後,エレンは学校の教師となったが,そのころは産業革命の波がスウェーデンにも訪れたころでもあった。女性が酷使され,保育所や託児所がなかった時代,日中は乳幼児が置き去りにされていた。乳幼児の高い死亡率,妊娠・出産への悪影響などを目の当たりにして,1900年に『児童の世紀』を著した。
　エレンは子どもを養育する場である「家庭」の重要性を強調した。重労働で疲れ果てた母親と,無家庭状況に置かれた子どもを救い出すために,社会進出した女性を家庭に呼び戻すための母性保護政策を提案した。こうした取り組みやケイの著書がわが

> 国にも紹介され，大正時代の母性保護論争などへ影響を与えている。
> 出所：今井小の実「エレン・ケイ」室田保夫編著『人物でよむ西洋社会福祉のあゆみ』ミネルヴァ書房，2013年，112～118頁．野島正剛「社会福祉の歴史的変遷」大塚良一・小野澤昇・田中利則編著『子どもの生活を支える社会福祉』ミネルヴァ書房，2015年，39～58頁をもとに筆者作成．

　1906年，イギリスで学校給食法が制定された。続いて1907年に学校保健法，1908年に児童法など，子どもにかかわる法律が設けられた。このうち，児童法は虐待防止などをふくんでいたことから「児童憲章」と位置づけられ，子どもにかかわる政策に影響を与えた。

　1909年，アメリカでは当時の大統領セオドア・ルーズベルト（Roosevelt, T.）が「第1回児童福祉白亜館会議（ホワイトハウス会議）」を開催した。子どもを育成することは，未来の国民を育成することにつながるとして，連邦児童局の創設を打ち出した。[18]

　1919年，イギリス人のジェブ（Jebb, E.）によって，セーブ・ザ・チルドレンが設立される。「私には11才以下の敵はいない」として，敵の国の子どもも含めた支援を開始した。ジェブは後述の「児童の権利に関するジュネーブ宣言」の草案を起草している。[19]

　1922年，イギリスで悲惨な戦争をふまえ，子どものしあわせを願う「世界児童憲章」が発表された。その2年後の1924年には，国際連盟で子どもに対する保護を打ち出した「児童の権利に関するジュネーブ宣言」が採択された。世界児童憲章と同様に，戦争に対する反省をふまえたものである。

　1935年，アメリカで「要扶養児童家族扶助（Aid to Families with Dependent Children：AFDC）」制度が始まる。扶養が必要な児童がいる家族を対象とした生活保護制度のひとつである。[20]

　1942年，イギリスで「ベヴァリッジ報告」が公表された。この報告をふまえ，「揺りかごから墓場まで」の生活保障を目指し1945年に「家族手当法」が，1948年に「児童法」が成立した。児童手当の支給や，養護に欠ける子どもへの保護が地方自治体の責任になるなどの政策が実施されたのである。[21]

1948年，国際連合において「世界人権宣言」が採択された。人権および自由を尊重し確保するために「すべての人民とすべての国とが達成すべき共通の基準」を宣言したものである。また，1950年の総会において，毎年12月10日を「人権デー」として，世界中で記念行事を行うことが決議された。1959年には国際連合において「児童の権利に関する宣言」が成立する。これは児童の権利を具体化しようとするものである。1966年，国際人権規約が総会で採択され，1976年に発効した。世界人権宣言の内容を基礎として条約化したもので，人権諸条約のなかでもっとも基本的かつ包括的なものである。「経済的，社会的及び文化的権利に関する国際規約」（いわゆる社会権規約，A規約）と「市民的及び政治的権利に関する国際規約」（いわゆる自由権規約，B規約）で構成され，わが国は1979年に批准した。死刑廃止を目的とする第二選択議定書は1989年に採択された。[22]

1950年，アメリカの発達心理学者で，精神分析家であるエリクソン（Erikson, E. H.）が『幼児期と社会』を，1959年には『アイデンティティとライフサイクル』を著す。ライフサイクル論，青年期の発達課題である自己同一性（セルフアイデンティティ）など，今日の福祉，教育に欠くことのできない理論を発表する。

1965年，アメリカでヘッド・スタート・プログラムが始まる。低所得家庭の5歳までの幼児と身体障害児を対象に，医療や栄養，教育などを支援し，学校や社会への適応を目指す福祉的事業であるとともに，育児支援事業，補償教育政策である。低所得家庭の子どもは，小学校入学前から学力差があり，高校退学率も高いとの調査にもとづく取り組みである。[23]

1981年，オーストリアの哲学者イリイチ（Illich, I.）が著書『シャドウ・ワーク』を発表する。このなかで，家事労働など賃金を得ない再生産の労働を「シャドウ・ワーク」と名づけ，家庭内におけるさまざまな家事を隠れた労働としてこれまでにないとらえ方をした。

1989年，国際連合で「児童の権利に関する条約」が採択された。これにより児童観は「保護される存在」から「権利をもつ主体」へ転換した。「児童の権

利に関する宣言」の進展が遅いなか，「条約」にしようとする動きが出てきた。第2次世界大戦中，ユダヤ人はホロコーストの犠牲になったが，ポーランドのコルチャック（Korczak, J.），孤児院「ドム・シエロ」の子どもたちも犠牲者である。コルチャックはドム・シエロの院長として，子どもも人間として等しく接していたが，その意志をポーランドの人びとが「条約」として実らせた。[24][25]

第3節　現代社会と児童家庭福祉

　これまでみてきた歴史的変遷，また第1章の現代社会の現状をふまえ，ここでは1989（平成元）年から今日までの児童家庭福祉の流れを押さえる。なお，子ども・子育て支援新制度および児童福祉法の改正の詳細については第3章で，少子化と子育て支援サービスおよび母子保健についての詳細については第6章で取り上げるため，本節では，歴史的な変遷に重点を置いて解説を行う。

　本章第1節では，わが国は第2次世界大戦後に急速に発展し，平成に入る直前までを解説した。焼け野原であった都市にはじょじょにビルが建ち，地方の若者は仕事を求めて，あるいはあこがれを胸に都市に流入した。都市はそれまでの大きさでは流入する人びとを受け止めきれず，次第に周辺地域へ膨張を始めた。たとえば，新横浜駅周辺は新幹線の建設後ものどかな田園風景がみられたが，現在ではビルが建ち並ぶ。隣に住む人がだれなのか知らず，近所づきあいもないまま，家と会社の往復だけの生活をしている人もいる。助けてほしくても，どうしてよいのかわからない人びとも数多くいるであろう。どこにどんな施設があり，どこに行けば，どのようなサービスが受けられるのか，まったくわからない人もいるであろう。一方で，人口が都市に流入した分，地方の人口は減少し過疎化が始まった。景気は良いときばかりではない。弱者は，景気が良いときには恩恵を与えられず，悪くなれば真っ先に影響を受ける。非正規雇用が多くなり，収入が不安定な人も増えてきた。子どもを産み育てる，結婚するという営みどころか，日々の食事にさえ困る人も増えた。貧困，特に「子どもの貧困」が大きな問題になっている。このような状況において，児童家庭

福祉の領域では平成に入ってから大きな動きが続いている。

　1989年,「児童の権利に関する条約」が国連で採択された。従来の「児童は保護される存在」から「児童は権利をもつ主体」へと児童観が大きく転換された。「児童の権利に関する条約」では,子育ての責任はその父母が第一義的責任をもつものとし,その責任を果たすために国が適切な援助を行うことを定めた。条約の誕生には,エレン・ケイ,コルチャックなど多くの人びとの思いが条約として実を結んだのである。わが国は1994(平成6)年に批准(同意)した。

　1990(平成2)年,合計特殊出生率がこれまでの最低値を更新し1.57を記録した。「1.57ショック」として,合計特殊出生率の低下,子どもの数が減少傾向にあることが問題と認識されるようになった。子どもを産み,育てやすい環境に向けた対応が検討されることとなったのである。

コラム13

「児童の権利に関する条約」と「1.57ショック」

　「児童の権利に関する条約」の採択,「1.57ショック」という2つの動きは,わが国の児童福祉に大きな影響を与えた。条約に批准するためには国内法,特に児童福祉法の改正が必要となる。また,折しも「1.57ショック」が起こった。条約の「子育ての責任」と,国内の「少子化対策」という出発点は異なるが,子どもと家庭を支えるためのさまざまな対策が必要になったのである。乳児家庭全戸訪問事業,養育支援訪問事業など従来にない支援が行われ,「児童」に加え「家庭」が福祉の対象になったのである。また,保育や福祉の現場において児童観が大きく転換することとなった。
　こうした取り組みは保育士養成においてもみることができる。2001(平成13)年から「家族援助論」という科目が新設され,2010(平成22)年には「家庭支援論」という名称に変更された。「家族」という集団だけではなく,「家庭」という環境をふくめた支援ができるよう,その力を養成段階から身につけるのである。

出所:野島正剛「社会福祉の歴史的変遷」大塚良一・小野澤昇・田中利則編著『子どもの生活を支える社会福祉』ミネルヴァ書房,2015年,39~58頁をもとに筆者作成。

　この後,少子化対策について矢継ぎ早に対策が取られることとなる。1994(平成6)年,「今後の子育て支援のための施策の基本的方向について」(エンゼルプラン)の策定。1999(平成11)年には,「少子化対策推進基本方針」と,こ

の方針にもとづいた「重点的に推進すべき少子化対策の具体的実施計画について」(新エンゼルプラン)を策定。2003(平成15)年には,地方公共団体および企業の集中的・計画的な取り組みを促進する「次世代育成支援対策推進法」と,少子化対処施策を総合的に推進するために「少子化社会対策基本法」が制定される。2004(平成16)年少子化社会対策基本法にもとづいた「少子化社会対策大綱」が閣議決定された。

　1999(平成11)年に「社会福祉基礎構造改革について」が出され,翌2000(平成12)年に社会福祉法が成立した。少子化ばかりではなく高齢化も深刻な推計が出され,財源が大きく不足することが予測された。体力のあるうちに福祉サービスの基礎を改善しようとするものが「社会福祉基礎構造改革」である。すべての国民を対象とした福祉サービスを実施し,法律やサービスの見直しを行うものである。行政がサービスを決める「措置制度」を,利用者が提供者を決定し,契約によってサービスの提供を受ける契約制度に移行した。利用者とサービス提供者は対等であり,利用者にも自己責任が求められるようになった。こうした契約には情報提供が不可欠であることから,サービス提供者は,自己点検を行い,第三者による評価を受け,結果を公開することとなった。多様なサービスの提供と参入も認められるようになった。地域福祉を重視するとともに,地域のなかでその人らしい生活を送れるようにしたのである。

　1997(平成9)年,児童福祉法が改正され,保育所への入所が措置制度から選択利用制度へ移行した。1999(平成11)年には,保母から保育士へ呼称が変更になった。

　2000(平成12)年,児童虐待の防止等に関する法律(いわゆる「児童虐待防止法」)が制定される。1933(昭和8)年に児童虐待防止法が制定されたが,第2次世界大戦後に児童福祉法が成立したため廃止になった。児童福祉法には禁止行為として示されたが,児童虐待そのものを禁止してはいなかった。「児童の権利に関する条約」の批准,また児童虐待の相談件数が増加するなかで,根本的な対策が必要になったのである。同じく2000(平成12)年には,厚生省が「社会的な援護を要する人々に対する社会福祉のあり方に関する検討会報告書」

をまとめ,ソーシャルインクルージョンの推進を提言する。社会的包摂とも訳され社会的に弱い立場にある人びとだけではなく,すべての人びとに生じる孤独や排除から守り,社会の一員として包み,支えあうものである。この理念は特別支援教育など,広がりをみせている。

2001(平成13)年,児童福祉法が改正になり,「保育士」が名称独占となった。名称独占とは,資格をもっていない者がその資格名称を名乗ることはできないが,その資格名称の業務を行うことはできる。つまり,保育士資格をもっていない者は「保育士」を名乗ることはできないが,保育士が行っている業務(保育)を行うことはできるのである。またこの年の1月,縦割り行政を解消し,効率化を目指した中央省庁等改革により,厚生省と労働省が統合され厚生労働省に再編された。

2004(平成16)年,発達障害者支援法が制定される。発達障害者を早期に発見することで,発達支援を行い,自立と社会参加が可能となるように生活全般の支援を行い,福祉の増進に寄与することを目的としたものである。また,「少子化社会対策大綱に基づく具体的実施計画について」(子ども・子育て応援プラン)を決定する。

2006(平成18)年,就学前の子どもに関する教育,保育等の総合的な提供の推進に関する法律(いわゆる「認定こども園法」)の制定により,認定こども園がスタートする。また,予想以上の少子化進行に対処するために「新しい少子化対策について」が決定される。

2007(平成19)年,仕事と生活の調和(ワーク・ライフ・バランス)憲章,仕事と生活の調和推進のための行動指針が策定される。ワーク・ライフ・バランスの実現は,わが国の社会を持続可能にするうえで不可欠であるとの認識から,制度の構築や環境整備などに積極的に取り組むとの姿勢を鮮明にした。[26]「子どもと家族を応援する日本」重点戦略が取りまとめられる。

2008(平成20)年,保育所等の待機児童解消をはじめとする保育の質・量ともに充実・強化する「新待機児童ゼロ作戦」を発表した。また,待機児童解消のための取組を加速化させるため,2013(平成25)年「待機児童解消加速化プ

ラン」を発表した。

　2015(平成27)年、子ども・子育て支援新制度が開始された。「子ども・子育て支援法」「認定こども園法の一部改正」「子ども・子育て支援法及び認定こども園法の一部改正法の施行に伴う関係法律の整備等に関する法律」の子ども・子育て関連3法にもとづいて実施されるものである。乳幼児期の教育や保育、子育て支援について、量的拡大と質的向上を目的にしたものである。新たに「幼保連携型認定こども園」を創設した。これは、児童福祉施設（保育所）および学校（幼稚園）としての法的位置づけをもち、単一の施設において保育所保育と幼稚園教育を一貫して行うことができる施設である。(27)

　こうした変遷のなかで、わが国の児童家庭福祉は「子ども・子育て支援新制度」による新たな局面を迎えた。質的向上とは、保育士が子どもに対して行う「保育の質の向上」にほかならない。質の向上を実際に行うのは本書で学んでいるあなたである。今後も制度が変化するなかで、ぜひみなさんもニュースに興味をもって、児童家庭福祉の変化に対応し、より良い保育を行ってほしい。

【ポイント整理】

　以下の1．2．は重要語句だが、そのまま覚えるのではなく、背景なども一緒に覚えると理解が進む。
1．わが国における児童家庭福祉の変遷における重要人物と関係する施設を覚えよう。
- 石井十次　岡山孤児院・愛染橋保育所
- 赤沢鐘美・仲子夫妻　新潟静修学校・守孤扶独幼稚児保護会
- 石井亮一　孤女学院・滝乃川学園
- 野口幽香　二葉幼稚園・二葉保育園
- 留岡幸助　家庭学校
- 糸賀一雄　近江学園・びわこ学園
2．諸外国における児童家庭福祉の変遷で重要な語句や内容を覚えよう。
- エリザベス救貧法と当時の状況
- 産業革命と工場法
- バーナード
- ハル・ハウス
- エレン・ケイと『児童の世紀』

・児童の権利に関するジュネーブ宣言，世界人権宣言，児童の権利に関する条約

【振り返り問題】
1 本章に挙げられたわが国における児童家庭福祉の重要人物を一人挙げ，くわしく調べてみよう。
2 少子化問題について，その取り組みの変遷を内閣府の「少子化社会対策白書」から調べてみよう。
3 児童の権利に関するジュネーブ宣言，世界人権宣言，児童の権利に関する条約について調べてみよう。

〈注〉
(1) 菊池義昭「恤救規則」古川孝順・金子光一編『社会福祉発達史キーワード』有斐閣，2009年，34～35頁。
(2) 野田隆生「福田会育児院」古川孝順・金子光一編『社会福祉発達史キーワード』有斐閣，2009年，38～39頁。
(3) 社会福祉法人福田会児童養護施設広尾フレンズHP（http://www.fukudenkai.or.jp/tokyohonin/，2015年10月30日閲覧）。
(4) 東京育成園HP「歴史」（http://www.to-iku.or.jp/index.files/Page699.htm，2015年10月30日閲覧）。
(5) 浅野俊和「戦時下保育運動における農繁期託児所研究『保育問題研究会』を中心に」中部学院大学『中部学院大学・中部学院大学短期大学部研究紀要』8巻，2007年，55～64頁。
(6) 社会福祉法人博愛社HP「博愛社のあゆみ」（http://www.hakuaisha-welfare.net/annai/ayumi.html，2016年2月16日閲覧）。
(7) 岩城富美子「急速な社会変化と幼児教育（その2）幼稚園・保育所のあゆみと幼児教育」日本幼稚園協会『幼児の教育』68巻8号，1969年，42～47頁。
(8) 藤原正範「感化法」古川孝順・金子光一編『社会福祉発達史キーワード』有斐閣，2009年，58～59頁。
(9) 藤原正範「ひとり親家庭福祉史」井村圭壯・藤原正範編著『日本社会福祉史』勁草書房，2007年，53～61頁。
(10) 小倉常明「方面委員制度」古川孝順・金子光一編『社会福祉発達史キーワード』有斐閣，2009年，92～93頁。
(11) 池本美和子「母子保護法」古川孝順・金子光一編『社会福祉発達史キーワード』有斐閣，2009年，114～115頁。
(12) 藤田恭介「東京都における占領期の児童相談事業及び一時保護事業の変遷」帝京科学大学『帝京科学大学紀要』9号，2013年，133～137頁。

⒀ 吉田明弘「児童福祉法の制定と児童福祉改革」吉田明弘編『児童福祉論——児童の平和的存在権を基点として　改訂版』八千代出版，1〜37頁。
⒁ 鈴木敏彦「母子福祉法」古川孝順・金子光一編『社会福祉発達史キーワード』有斐閣，2009年，162〜163頁。
⒂ 吉田明弘「児童福祉の発展」吉田明弘編『児童福祉論——児童の平和的存在権を起点として　改訂版』八千代出版，2014年，39〜58頁。
⒃ 同上。
⒄ 同上。
⒅ 同上。
⒆ セーブ・ザ・チルドレンHP「セーブ・ザ・チルドレンとは」(http://www.savechildren.or.jp/about_sc/，2015年10月30日閲覧)。
⒇ 小林勇人「初期ワークフェア構想の帰結——就労要請の強化による福祉の縮小」立命館大学大学院先端総合学術研究科『Core ethics』2巻，2006年，103〜114頁。
㉑ 金子光一「イギリスの社会福祉（２）——新救貧法から福祉国家形成まで」松村祥子編著『欧米の社会福祉の歴史と展望』放送大学教育振興会，2011年，157〜172頁。
㉒ 外務省HP「国際人権規約」(http://www.mofa.go.jp/mofaj/gaiko/kiyaku/，2015年10月30日閲覧)。
㉓ 管田貴子「ヘッド・スタートにおける保育者と保護者との連携」弘前大学『教育学部紀要』103号，2010年，111〜117頁。
㉔ 田中和男「ヤヌシュ・コルチャック」室田保夫編著『人物でよむ西洋社会福祉のあゆみ』ミネルヴァ書房，2013年，169〜175頁。
㉕ 吉田明弘「児童福祉の発展」吉田明弘編著『児童福祉論——児童の平和的存在権を起点として　改訂版』八千代出版，2014年，39〜58頁。
㉖ 内閣府HP「仕事と生活の調和推進」(http://wwwa.cao.go.jp/wlb/government/，2015年10月30日閲覧)。
㉗ 内閣府HP「子ども・子育て支援新制度」(http://www8.cao.go.jp/shoushi/shinseido/，2015年10月30日閲覧)。

〈参考文献〉
網野武博「児童福祉法改正の評価と課題——児童家庭福祉の理念および公的責任」『季刊社会保障研究』34-1，国立社会保障・人口問題研究所，1998年，4〜13頁。
井村圭壮・藤原正範編著『日本社会福祉史』勁草書房，2007年。
右田紀久恵・高澤武司・古川孝順編『社会福祉の歴史——政策と運動の展開』有斐閣，2001年。
大塚良一・小野澤昇・田中利則編著『子どもの生活を支える社会福祉』ミネルヴァ書房，2015年。
岡田正章・久保いとほか編著『戦後保育史　第一巻』『戦後保育史　第二巻』フレーベル館，1980年。
乙訓稔「子どもの権利論の系譜と展開——E・ケイとJ・コルチャックを焦点として」『生活科学部紀要』46，実践女子大学，2009年，61〜71頁。
木下茂幸・前田信一監修『児童養護とは何か——木下茂幸の養育論』明石書店，2007年。
厚生労働省『「社会的な援護を要する人々に対する社会福祉のあり方に関する検討会」報告書』

2000年（http://www1.mhlw.go.jp/shingi/s0012/s1208-2_16.html, 2015年11月11日閲覧）。
清水教惠・朴光駿編著『よくわかる社会福祉の歴史』ミネルヴァ書房，2011年。
朴光駿『社会福祉の思想と歴史——魔女裁判から福祉国家の選択まで』ミネルヴァ書房，2004年。
松村祥子編著『欧米の社会福祉の歴史と展望』放送大学教育振興会，2011年。
松本なるみ「戦後草創期の保育所——元保育所保母の語りを手がかりに」『人間学部研究紀要』11巻1号，文京学院大学，2009年，197～212頁。
森田せつ子「母子健康手帳——今昔」『健康文化』26号，健康文化振興財団，2000年。
安原みどり『山室機惠子の生涯　花巻が育んだ救世軍の母——宮沢賢治に通底する生き方』銀の鈴社，2015年。
山縣文治・岡田忠克編『よくわかる社会福祉　第10版』ミネルヴァ書房，2014年。
山縣文治・柏女霊峰編『社会福祉用語辞典　第9版』ミネルヴァ書房，2013年。
吉田久一『新・日本社会事業の歴史』勁草書房，2004年。
吉田久一・岡田英己子『社会福祉思想史入門』勁草書房，2000年。

【文献案内】
大塚良一・小野澤昇・田中利則編著『子どもの生活を支える社会福祉』ミネルヴァ書房，2015年。
　　——児童家庭福祉は社会福祉の一分野である。まずはこれで全体を見とおすとよい。本章ではふれることができなかった箇所もあるため，相互に読みながら補うとよい。
右田紀久惠・高澤武司・古川孝順編『社会福祉の歴史——政策と運動の展開』有斐閣，2001年。
　　——諸外国をふくめ，社会福祉の歴史全体を詳細に見とおすことができる。
清水教惠・朴光駿編著『よくわかる社会福祉の歴史』ミネルヴァ書房，2011年。
　　——近年の動きもふくめ，広く学ぶことができる。
吉田久一『新・日本社会事業の歴史』勁草書房，2004年。
　　——こちらは，わが国の社会福祉の歴史像を詳細に見とおすことができる。
内閣府『少子化社会対策白書　平成27年版』。
　　——少子化の現状とその対策など，広く知ることができる。
松村祥子『欧米の社会福祉の歴史と展望』放送大学教育振興会。
　　——スウェーデン，ドイツ，イギリス，フランス，アメリカの歴史がわかりやすくまとめてある。

（野島正剛）

第3章
児童家庭福祉と保育

―本章のポイント―

　本章では，子どもの人権擁護に関する世界的な取り組みや日本国内での取り組み，子どもの人権擁護および児童の成長・発達を守るべき家庭や家族のあり方について学び，児童家庭福祉についての理解を深めます。

　そのうえで，乳幼児の保育を支えるために設けられている保育所や認定こども園の役割や，保育士に求められる役割などについて学びます。

第1節　児童の人権擁護と児童家庭福祉

（1）世界人権宣言と児童の権利に関する宣言，児童の権利に関する条約

　紛争や産業構造の変化，経済恐慌などが発生するたびに多くの子どもたちが被害をこうむり，つらい思いを強いられてきた。1914（大正3）年から1918（大正7）年にかけて争われた第1次世界大戦において，多くの子どもたちの生命が奪われ，家族や住居等を失った。こうした過ちを繰り返さないようにとの願いを込め国際連盟の総会において，1924年「児童の権利に関するジュネーブ宣言」が採択された。しかし，その願いもむなしく第2次世界大戦が開始され，多くの子どもたちが生命の危機にさらされるなどきびしい環境に置かれた。

　2度の大きな大戦を終え，世界の平和を願い1945（昭和20）に国際連合が設立され，人民の基本的人権と人間としての尊厳および価値等の実現を目指し，1948（昭和23）年12月10日に「世界人権宣言」が示された。この宣言では，「すべての人間は，生れながらにして自由であり，かつ，尊厳と権利とについて平

等である」(第1条)ことや,「すべて人は,人種,皮膚の色,性,言語,宗教,政治上その他の意見,国民的若しくは社会的出身,財産,門地その他の地位又はこれに類するいかなる事由による差別をも受けることなく,この宣言に掲げるすべての権利と自由とを享有することができる」(第2条)ことなどが全世界に向けて発信された。

さらに,子どもたちが安心して生活できる世界を目指して「児童の権利に関する宣言」が1959(昭和34)年11月20日に採択された。

児童の権利に関する宣言は前文と10条からなるもので,世界人権宣言で示された宣言内容をふまえ「児童はこの宣言に掲げるすべての権利を有する。すべての児童は,いかなる例外もなく,自己又はその家庭のいずれについても,その人種,皮膚の色,性,言語,宗教,政治上その他の意見,国民的若しくは社会的出身,財産,門地その他の地位のため差別を受けることなく,これらの権利を与えられなければならない」(第1条)ことや,「児童は,特別の保護を受け,また,健全,かつ,正常な方法及び自由と尊厳の状態の下で身体的,知能的,道徳的,精神的及び社会的に成長することができるための機会及び便益を,法律その他の手段によって与えられなければならない。この目的のために法律を制定するに当っては,児童の最善の利益について,最高の考慮が払われなければならない」(第2条)ことなどが示されている。さらに「児童は,その出生の時から姓名及び国籍をもつ権利を有する」(第3条)こと,「児童は,社会保障の恩恵を受ける権利を有する。児童は,健康に発育し,かつ,成長する権利を有する。この目的のため,児童とその母は,出産前後の適当な世話を含む特別の世話及び保護を与えられなければならない。児童は,適当な栄養,住居,レクリエーション及び医療を与えられる権利を有する」(第4条)ことなど子どもの成長発達に必要な権利を保障するための指針が示されている。さらに,「身体的,精神的又は社会的に障害のある児童は,その特殊な事情により必要とされる特別の治療,教育及び保護を与えられなければならない」(第5条)こと,「児童は,できるかぎり,その両親の愛護と責任の下で,また,いかなる場合においても,愛情と道徳的及び物質的保障とのある環境の下で育てられな

ければならない。幼児は，例外的な場合を除き，その母から引き離されてはならない」(第6条)こと，児童には教育を受ける権利を有すること(第7条)および虐待や人身売買の禁止(第9条)など，子どもの人権擁護や成長発達にかかわるさまざまな権利について示されている。

　児童の権利に関する宣言が出された後，児童の権利擁護に関する国際的な規約として，1989年「児童の権利に関する条約」が国際連合の総会で採択された。日本は1990(平成2)年9月21日にこの条約に署名し，1994(平成6)年4月22日に批准した。この条約は，世界の多くの児童が，飢えや貧困等の困難な状況に置かれている状況をふまえ，世界的な観点から児童の人権の尊重，保護の促進を実現していくことを目指して採択されたものである。第1章でもふれているが条約の前文で，「家族が，社会の基礎的な集団として，並びに家族のすべての構成員特に，児童の成長及び福祉のための自然な環境として，社会においてその責任を十分に引き受けることができるよう必要な保護及び援助を与えられるべきであることを確信し，児童が，その人格の完全かつ調和のとれた発達のため，家庭環境の下で幸福，愛情及び理解のある雰囲気の中で成長すべきであることを認め」と示されている。核家族化の進行等にともなう家族形態の変化はあっても，子どもにとって家庭は人と人との関係をつくるために最初に出会う場であることに相違はない。そうした意味からすれば子どもの成長発達において家庭の存在は大きな意味をもつ。特に親や兄弟姉妹といった家族の存在は，子どもが育つためにきわめて重要な存在といえる。

(2) 日本における人権擁護の取り組み

　日本における人権擁護の取り組みは法務省が定めている人権擁護委員会などの活動を通して行われている。「人権」とは「すべての人びとが生命と自由を確保し，それぞれの幸福を追求する権利」あるいは「人間が人間らしく生きる権利で，生まれながらに持つ権利」であり，だれにとっても身近で大切なもの，日常の思いやりの心によって守られるものである。

　私たちにとって人権や基本的な権利とはどのようなことなのか，日本国憲法

や児童福祉法，児童憲章などをふまえて考えてみることとする。

1）日本国憲法と基本的人権

　私たちの生活のなかで人権擁護に関する取り組みについては当然行われていると思われている。現在のような基本的人権が保障されるようになったのは第2次世界大戦以後のことであり，それ以前は個々の国民の生活よりも，天皇制を中心とした国家が大切と考えられていた。そのため，国民の人権擁護に関する取り組みは十分であったとはいえず，敗戦により現在の日本国憲法の発布以降，急速に基本的人権に関する意識が芽生えてきたといえる。

　日本国憲法では国民の基本的人権について，第10条から第40条にかけて「国民の権利及び義務」について示されている。

　第11条では「基本的人権」について，「国民は，すべての基本的人権の享有を妨げられない。この憲法が国民に保障する基本的人権は，侵すことのできない永久の権利として，現在及び将来の国民に与へられる」と定め，「国民の権利として永久に保障される」ことが示されている。基本的人権は，憲法や天皇から恩恵として与えられたものではなく，人間であればだれにでも保障されるもので，原則として，あらゆる公権力や憲法改正によっても侵されることのないもっとも基本的な権利である。

　第12条では「国民の自由及び権利の保持義務と公共の福祉」について，「この憲法が国民に保障する自由及び権利は，国民の不断の努力によつて，これを保持しなければならない。又，国民は，これを濫用してはならないのであつて，常に公共の福祉のためにこれを利用する責任を負ふ」と示されている。基本的人権や自由および権利は長い歴史のなかで，さまざまな試練を経て得てきたものであり，ときの権力者などの強い力をもったものに対して主張し続けなければ，人権はすぐに消えてしまう危険性がある。基本的人権や自由および権利は公共の福祉のために一定の制限を受けることがあるものの，他人に迷惑をかけることや，自分勝手な行動をとることなく，日々の生活のなかで権利を意識し，主張し続け続けることによって維持できるものである。

　「個人の尊重と公共の福祉」に関して，「すべて国民は，個人として尊重され

る」（第13条）ことや「すべて国民は，法の下に平等であつて，人種，信条，性別，社会的身分又は門地により，政治的，経済的又は社会的関係において，差別されない」（第14条）ことが示されている。さらに，「思想及び良心の自由」（第19条），「信教の自由」（第20条），「居住，移転，職業選択，外国移住及び国籍離脱の自由」（第22条），「学問の自由」（第23条），「家族関係における個人の尊厳と両性の平等」（第24条），「生存権及び国民生活の社会的進歩向上に努める国の義務」（第25条），「教育を受ける権利と受けさせる義務」（第26条）などが保障されている。

2）児童の権利擁護

①児童福祉法と権利擁護

　子どもの人権擁護に関する制度や考え方については児童福祉法や児童憲章などによって示されている。児童福祉法は，1947（昭和22）年に制定され翌1948（昭和23）年1月に施行された児童福祉に関する基本法である。その総則には「すべて国民は，児童が心身ともに健やかに生まれ，且つ，育成されるよう努めなければならない」（第1条）との国民の努力義務規定が設けられ，同じく「国及び地方公共団体は，児童の保護者とともに，児童を心身ともに健やかに育成する責任を負う」（第2条）との児童福祉の推進に対する公的責任が明確にされている。さらに第3条で前2条について「児童の福祉を保障するための原理であり，この原理は，すべて児童に関する法令の施行にあたつて，常に尊重されなければならない」と児童福祉法の考えは，すべての児童福祉に関する法律の基本となることが示されている。

　児童福祉法における「児童」とは「満18歳に満たない者」と定義され，さらに「児童」を乳児（満1歳に満たない者），幼児（満1歳から小学校就学の始期に達するまでの者），少年（小学校就学の始期から，満18歳に達するまでの者）に分類している（法律による年齢区分のちがいはコラム1参照）。

　児童福祉法の特徴は，憲法に定められている基本的人権のなかでも特に児童や児童の養育環境，児童福祉のあり方について，国や地方公共団体の役割を示しており，その向上のために必要とされる児童福祉施設の整備や保育士等の専

門職の役割などについて示されている。また，児童福祉法は，近年増加し社会問題化している児童に対する虐待行為の防止や小児慢性特定疾病への対応，社会的養護の充実などを目指して改正が行われ現在に至っている。

②児童憲章と権利擁護

児童憲章は1951（昭和26）年の5月5日に内閣総理大臣主宰の児童憲章制定会議において制定されたものである。序文において，「われらは，日本国憲法の精神にしたがい，児童に対する正しい観念を確立し，すべての児童の幸福をはかるために，この憲章を定める」とし，「児童は，人として尊ばれる。児童は，社会の一員として重んぜられる。児童は，よい環境のなかで育てられる」といった3つの原則が示されている。

児童憲章

（1951〔昭和26〕年5月5日制定）

1．すべての児童は，心身ともに健やかにうまれ，育てられ，その生活を保障される。
2．すべての児童は，家庭で，正しい愛情と知識と技術をもつて育てられ，家庭に恵まれない児童には，これにかわる環境が与えられる。
3．すべての児童は，適当な栄養と住居と被服が与えられ，また，疾病と災害からまもられる。
4．すべての児童は，個性と能力に応じて教育され，社会の一員としての責任を自主的に果すように，みちびかれる。
5．すべての児童は，自然を愛し，科学と芸術を尊ぶように，みちびかれ，また，道徳的心情がつちかわれる。
6．すべての児童は，就学のみちを確保され，また，十分に整った教育の施設を用意される。
7．すべての児童は，職業指導を受ける機会が与えられる。
8．すべての児童は，その労働において，心身の発育が阻害されず，教育を受ける機会が失われず，また児童としての生活がさまたげられないように，十分に保護される。
9．すべての児童は，よい遊び場と文化財を用意され，わるい環境からまもられる。
10．すべての児童は，虐待・酷使・放任その他不当な取扱からまもられる。あやまちをおかした児童は，適切に保護指導される。
11．すべての児童は，身体が不自由な場合，または精神の機能が不十分な場合に，適切な治療と教育と保護が与えられる。

12. すべての児童は，愛とまことによつて結ばれ，よい国民として人類の平和と文化に貢献するように，みちびかれる。

出所：ミネルヴァ書房編集部編『ワイド版社会福祉小六法2015［平成27年版］資料付』2015年。

児童憲章は日本国憲法第11条に示されている基本的人権や第25条に示されている生存権の尊重を基本理念としている。児童憲章は「こどもの日」と同じ5月5日に制定されている。

（3）児童の権利擁護に関する現状と課題

人権擁護のために取り組むべき課題は女性や子ども，高齢者や障害者，犯罪被害者や犯罪者，同和問題や外国人に対するものなど，実に多く，最近ではインターネットを介した人権侵害，性同一障害者などに対する人権侵害が大きな社会問題となっている。

子どもたちに関する人権問題としてはいじめや虐待などの問題が考えられるが，内閣府が2012（平成24）年8月に日本国籍を有する20歳以上の者3,000人を対象に実施した「人権擁護に関する世論調査」の結果によれば，基本的人権についての周知度として「基本的人権は侵すことのできない永久の権利」として，憲法で保障されていることを知っているか聞いたところ，「知っている」と答えた者の割合が82.8％，「知らない」と答えた者の割合が17.2％であった。「人権侵害の推移」として，この5～6年の間に，日本で，人権が侵害されるようなことは，「少なくなってきた」と答えた者の割合が12.1％，「あまり変わらない」と答えた者の割合が46.5％，「多くなってきた」と答えた者の割合が34.0％となっている。「人権侵害の内容」としては，「あらぬ噂，他人からの悪口，かげ口」を挙げた者の割合が47.4％ともっとも高く，以下，「職場での嫌がらせ」（24.2％），「プライバシーの侵害」（20.0％），「差別待遇（人種・信条・性別・社会的身分等により，就職や結婚等の社会生活の上で不平等又は不利益な取扱いをされた）」（19.7％），「名誉・信用のき損，侮辱」（18.1％），「学校でのいじめ」（17.7％），「使用者による時間外労働強制等の不当な待遇」（14.8％）などの順であった（図3-1参照）。

第 3 章 児童家庭福祉と保育

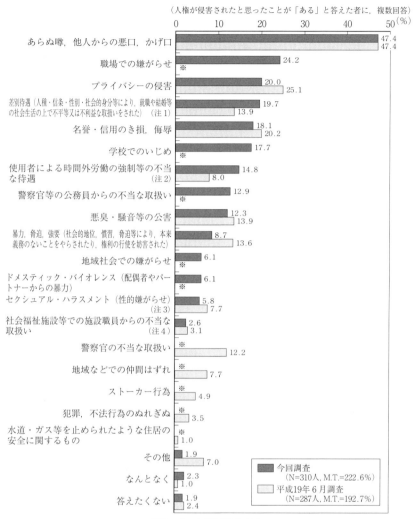

図 3-1 人権侵害の内容

※印は比較データのないことを示している。
注：1) 平成19年6月調査では、「差別待遇（人種・信条・性別・社会的身分などにより、不平等又は不利益な取り扱いをされた）」となっている。
　　2) 平成19年6月調査では、「使用者による労働強制等の不当な待遇」となっている。
　　3) 平成19年6月調査では、「セクシュアル・ハラスメント」となっている。
　　4) 平成19年6月調査では、「社会福祉施設での不当な取扱い」となっている。
出所：内閣府「人権擁護に関する世論調査」報告書（内閣府大臣官房政府広報室 HP〔http://survey.gov-online.go.jp/h24/h24-jinken/index.html, 2016年2月20日閲覧〕）。

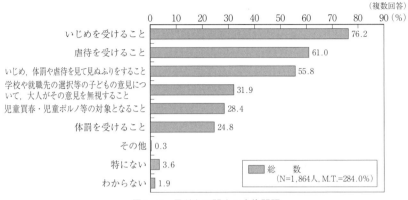

図3-2 子どもに関する人権問題

出所：図3-1と同じ。

　子どもに関する人権問題としては，「いじめを受けること」であるとした者の割合が76.2％ともっとも高く，続いて「虐待を受けること」（61.0％），「いじめ，体罰や虐待を見て見ぬふりをすること」（55.8％），「学校や就職先の選択等の子どもの意見について，大人がその意見を無視すること」（31.9％），「児童買春・児童ポルノ等の対象となること」（28.4％）などの順となっている（図3-2参照）。

　近年の児童に対する人権侵害は学校などにおける「いじめ」や家庭等で発生する「虐待」が多く，深刻な問題となっている。「いじめ」については，暴力などにより直接に行われる場合とインターネット等を通じて行われる場合があり，陰湿で執拗な攻撃が行われる場合が多い。小中高生を問わず「いじめ」が原因で自殺や殺傷事件などに至るケースが頻発しており，「いじめ」は，重大な人権侵害であるという認識が必要である。

（4）子どもの人権擁護と児童家庭福祉

　いじめや虐待などにもとづく子どもの人権侵害は深刻となっており，子どもたちの成長発達にとって家庭の存在はきわめて大きい（図3-2参照）。こうした背景のもと，これまで子ども自身を対象として組まれてきた保護や養護に関する活

── コラム1 ──

法律による子どもの年齢のちがい

　私たちは「子ども」「児童」「少年」「若者」「年少者」「未成年」などさまざまな用語を使用して子どもたちのことを表現している。児童福祉の対象は18歳未満（年齢により乳児・幼児・少年に区別される）とされているが、国内の主な法律では以下のように呼び方や年齢区分が異なっている。

主な法律による子どの年齢区分

法律の名称	呼称等	年齢区分
少年法	少年	20歳未満の者
刑法	刑事責任年齢	満14歳
児童手当法	児童	18歳に達する日以後の最初の3月31日までの間にある者
母子及び父子並びに寡婦福祉法	児童	20歳未満の者
学校教育法	学齢児童	満6歳に達した日の翌日以後における最初の学年の初めから、満12歳に達した日の属する学年の終わりまでの者
民法	未成年者	20歳未満の者
民法	婚姻適齢	男満18歳、女満16歳〔未成年者は、父母の同意を得なければならない。〕
労働基準法	年少者	18歳未満の者
労働基準法	児童	15歳に達した日以後の最初の3月31日が終了するまでの者
道路交通法	児童	6歳以上13歳未満の者
道路交通法	幼児	6歳未満の者
未成年者喫煙禁止法	未成年者	20歳未満の者
未成年者飲酒禁止法	未成年者	20歳未満の者
児童買春、児童ポルノに係る行為等の処罰及び児童の保護等に関する法律	児童	8歳未満の者
〔参考〕児童の権利に関する条約	児童	18歳未満の者

出所：内閣府『子ども・若者白書 平成26年版』をもとに筆者作成。

動だけでは，子どもたちの人権や基本的な権利擁護は困難である。児童（子ども）の福祉を考えるときに，子ども自身には問題がなくとも，家族の構成や経済状態など家庭の抱えるさまざまな課題が大きく影響している。児童を擁護するためには，子どもを育てる親や家族をふくめて一体的にとらえ，子どもを育てやすい環境（社会）を整備し，支援を行うことが重要である。これらのことから児童福祉に家庭の福祉を加え，児童家庭福祉としての取り組みが行われるようになった。

第2節　児童家庭福祉の一分野としての保育

（1）子どもたちの生活環境

　子どもたちの人権が守られ，安心して生活できるためには家族の安定が不可欠である。子どもたちが生活する家庭は少子高齢化や核家族にともなう家族形態の変化や経済環境の変化などの影響を受け，親子関係や子どもたちの時間の過ごし方に質的な変化がみられる。

　たとえば，両親が共働きをしている等の理由で，家庭での十分な保育時間の確保や，親子が一緒になって過ごす十分な時間の確保が困難となっている。そのため，子ども自身が，自らの可能性を開花させ，生きる力を育成して行くことのできるような体験をする機会を得ることができず，子ども自身のストレスなどに耐える力の低下や人間関係を育む力が脆弱で，いじめや引きこもり，非行といった心理・行動上の問題を発生させてしまう子どもたちがいる。また，核家族化などにともなう家族関係の質的な変化や，これまでみられていた地域において育まれてきたさまざまな人間関係の希薄化傾向が顕著となり，家族や育児環境の孤立が進んでおり，子どもの保育環境の確保や子育て支援を促進するため，保育所や保育士に求められる期待が高まっている。

（2）保育所の役割
1）保育所の保育の目的

　「保育」という言葉は，通常，児童福祉や幼児教育の分野において，保護と

教育，育成などを意味する用語として用いられ，幼稚園や保育所などが実践の場として位置づけられており，一般的には保育士や幼稚園教諭など，子どもの保育や教育に携わる専門家のことを「保育者」と呼ぶ。幼稚園は文部科学省の所管施設で，「学校教育法」にもとづいて就学前の児童を対象として設置される教育施設である。これに対して，保育所は児童福祉法および社会福祉法で第二種社会福祉事業として定められている「保育を必要とする子どもの保育」を目的とする児童福祉施設で，厚生労働省が所管する施設である。児童福祉法では「保育所は保育を必要とする乳児・幼児を日々保護者の下から通わせて保育を行うことを目的とする施設とする」（児童福祉法第39条）と定められている。また，保育所の基本的な活動内容を定めた「保育所保育指針」の第1章総則の「保育所の役割」には次の4点が示されている(1)。

①保育を必要とする子どもの保育を行い，その健全な心身の発達を図ることを目的とする児童福祉施設であり，入所する子どもの最善の利益を考慮し，その福祉を積極的に増進することに最もふさわしい生活の場でなければならない。
②保育所は，その目的を達成するために，保育に関する専門性を有する職員が，家庭との緊密な連携の下に，子どもの状況や発達過程を踏まえ，保育所における環境を通して，養護及び教育を一体的に行うことを特性としている。
③保育所は，入所する子どもを保育するとともに，家庭や地域の様々な社会資源との連携を図りながら，入所する子どもの保護者に対する支援及び地域の子育て家庭に対する支援等を行う役割を担うものである。
④保育所における保育士は，児童福祉法第18条の4の規定を踏まえ，保育所の役割及び機能が適切に発揮されるように，倫理観に裏付けられた専門的知識，技術及び判断をもって，子どもを保育するとともに，子どもの保護者に対する保育に関する指導を行うものである。

保育所は，子どもが生涯にわたる人間形成にとってきわめて重要な時期に，その生活時間の大半を過ごす場であることから，保育の目標を「保育所の保育は，子どもが現在を最も良く生き，望ましい未来をつくり出す力の基礎を培(つちか)うこと」とし，次の点が示されている。

(ア)　十分に養護の行き届いた環境の下に，くつろいだ雰囲気の中で子どもの様々な欲求を満たし，生命の保持及び情緒の安定を図ること。
(イ)　健康，安全など生活に必要な基本的な習慣や態度を養い，心身の健康の基礎を培うこと。
(ウ)　人との関わりの中で，人に対する愛情と信頼感，そして人権を大切にする心を育てるとともに，自主，自立及び協調の態度を養い，道徳性の芽生えを培うこと。
(エ)　生命，自然及び社会の事象についての興味や関心を育て，それらに対する豊かな心情や思考力の芽生えを培うこと。
(オ)　生活の中で，言葉への興味や関心を育て，話したり，聞いたり，相手の話を理解しようとするなど，言葉の豊かさを養うこと。
(カ)　様々な体験を通して，豊かな感性や表現力を育み，創造性の芽生えを培うこと。

　さらに，「保育所は，入所する子どもの保護者に対し，その意向を受け止め，子どもと保護者の安定した関係に配慮し，保育所の特性や保育士等の専門性を生かして，その援助に当たらなければならない」と保護者とのかかわりが大切であることが示している。また，「保育所は，子どもの人権に十分配慮するとともに，子ども一人一人の人格を尊重して保育を行わなければならない」ことや，「保育所は，地域社会との交流や連携を図り，保護者や地域社会に，当該保育所が行う保育の内容を適切に説明するよう努めなければならない」「保育所は，入所する子ども等の個人情報を適切に取り扱うとともに，保護者の苦情などに対し，その解決を図るよう努めなければならない」ことなど保育所が負

うべき社会的責任についても示している。

　保育の活動については「国及び地方公共団体は，児童の保護者とともに，児童を心身ともに健やかに育成する責任を負う」（児童福祉法第2条）と親と国および地方公共団体の責任において行われることが示されている。しかし，現状では子どもの貧困率や児童虐待の増加など子どもの育ちや子育てにともなう環境はきびしさを増す一方である。子どもの保育を担当する主な専門機関は保育所と幼稚園である。こうしたさまざまな課題と危機が顕在化するなかで，保育や保育所に対しては「子育て支援および保育専門機関」として求められる役割と期待は多岐にわたり，責任ある活動が求められている。

2）保育士の役割

　保育士は「保育所で働く先生」と思われるが，保育士資格は児童福祉法で定められた専門職員としての資格である。保育所などでの保育を担当するだけではなく，さまざまな理由で親とともに生活することが困難なため乳児院や児童養護施設，障害児施設などの児童福祉施設を利用して生活している児童に対する保育や養護，生活指導，学習指導，自立支援へむけての指導，障害児の療育や訓練等にも関与することが求められている。また，保育所保育指針などにも示されているように，地域の一般家庭への育児や子育てに関する相談支援活動など，幅広い役割を果たすことが期待されている。

　児童福祉法が制定された当時，保育士は「保母」と呼ばれ，その職域と資格要件については児童福祉法施行令第13条により「児童福祉施設において，児童の保育に従事する女子を保母」と規定していたが，1999（平成11）年に児童福祉法が改正され，保母という名称が廃止され，男女共通の名称として「保育士」へと改められた。2003（平成15）年の改正では，保育士資格は児童福祉法に定められた国家資格として法定化された。これにより，保育士は「保育士の名称を用いて，専門的知識及び技術をもつて，児童の保育及び児童の保護者に対する保育に関する指導を行うことを業とする者」（児童福祉法第18条の4）と規定され，名称独占，保育士の信用失墜行為の禁止，秘密保持などの義務が加わった。保育士の養成方法については2010（平成22）年にカリキュラムなどの

養成課程の改正が行われ，今日の多様なニーズに対応することの可能な社会的養護を担う専門職としてのスキルの向上が求められるようになった。

3）保育所における保育活動

日本における乳幼児の保育や教育は保育所，幼稚園を中心として構成されてきた。しかし，少子化対策や待機児童対策などのため幼保一元化を目指した認定こども園法（2006〔平成18〕年6月）が成立し，新たな仕組みとして認定こども園がスタートした。保育に関する多様なサービスを受け止める中心は，保育所が担っているといえる。

保育所は，児童福祉法の規定にもとづいて，「児童福祉施設の設備及び運営に関する基準」に示された基準を満たし設置，運営される児童福祉施設であり，「認可保育所」といわれる。児童福祉法が施行された1948（昭和23）年当時，保育所は全国に1,476か所，利用児童数は13万5,503人であったが，2015（平成27）年6月には，保育所2万3,561か所（幼保連携型認定こども園は1,929か所），利用児童数221万2,625人（幼保連携型認定こども園は17万4,939人）と，少子化のなかでもかつての16.3倍以上の児童が利用している。

先にもふれたように保育所は，児童福祉法に定められた児童福祉施設（「社会福祉法」では「第二種社会福祉事業」に定められている）であり，利用の仕組みは1997（平成9）年に措置施設から利用施設へと変わった。保育所の設置は都道府県や市町村，社会福祉法人が中心で，保育事業の公共性や保育の質が確保されてきた。しかし2000（平成12）年の規制緩和政策により設置主体制限が緩和され，国の定めた基準を満たせば民間団体やNPO法人，株式会社などでも保育所の管理運営に参加できるようになったことから，保育の公共性とともに質の確保が問われるようになり，第三者機関による定期的な評価を受審することが義務づけられている。

4）保育所の役割と待機児童対策

第2次世界大戦終了後に，児童福祉法（1947〔昭和22〕年）が制定され，保育所は「児童福祉施設」，幼稚園は「学校教育法」の規定にもとづく「学校教育施設」として位置づけられ，国の所管もそれぞれ厚生省（現・厚生労働省）と文

部省(現・文部科学省)が管轄することとなった。保育所は児童福祉法第39条に「保育所は,保育を必要とする乳児・幼児を日々保護者の下から通わせて保育を行う」と規定され,幼稚園は学校教育法第22条に「幼児を保育し,幼児の健やかな成長のために適当な環境を与えて,その心身の発達を助長することを目的とする」と規定されている。

　1963(昭和38)年に「幼稚園及び保育所の調整についての文部省,厚生省間の了解事項について」が示されたが,そのなかで,「幼稚園は学校教育を施すところ」「保育所は保育に欠ける児童の保育を行うところ」と基本的な役割が示された。さらに「それぞれの機能を果たすよう充実整備されなければならない」とされたため,幼稚園と保育所はもつべき機能や役割,活動の目的などについて異なった認識を強めることとなった。

　少子化現象の進行や共働き家庭の増加,核家族などによる家族形態の変化等により,「保育所の利用を希望しても保育所に入所できない」という,いわゆる「待機児童」の存在が社会問題化し,子育て支援に関する多様な支援施策が求められるようになった。そのようななかで保育所と幼稚園の機能統合をした「幼保一元化」が検討されるようになり,1998(平成10)年には文部省初等中等教育局長・厚生省児童家庭局長通知として「幼稚園と保育所の施設の共有化等に関する指針について」が示された。そのなかに「幼稚園及び保育所について保育上支障のない限りその施設及び設備について相互に共有することができる」との内容が示された。国は保育環境の拡大を意図して,幼稚園と保育所の機能や目的,役割等の見直しを行い,制度のちがいを超えた保育サービスを総合的に提供することを目的として,「就学前の子どもに関する教育,保育等の総合的な提供の推進に関する法律」(平成18年)にもとづいて,2006(平成18)年に「認定こども園」制度が創設された。

　認定こども園制度をさらに発展させるために,民主党の政権時に「総合こども園」を目指す動きがあったが,政権交代により,2010(平成22)年に政府の少子化社会対策会議で「子ども・子育て新システム検討期会議」の設置が決定し「子ども・子育て新システムの基本制度について」(2012〔平成24〕年)の指

針が示された。その後,「子ども・子育て支援法」をはじめとした子ども・子育て関連3法が成立し,同年の8月に公布され,認定こども園制度の見直しが行われることとなった。

5）保育所の利用方法

児童福祉法第24条では「保育を必要とする児童」について,市町村は保護者からの利用申請により保育所に入所させ保育することが定められている。「保育を必要とする児童」の認定については,これまで児童福祉法施行令第27条の規程により,①昼間労働することを常態としていること,②妊娠中であるか又は出産後間がないこと,③疾病にかかり,若しくは負傷し,又は精神若しくは身体に障害を有していること,④同居の親族を常時介護していること,⑤震災,風水害,火災その他の災害の復旧に当たっていること,⑥前各号に類する状態にあること,などの要件が示されていたが,子ども・子育て関連3法にもとづいた新たな制度にあわせて見直しが行われ,新たな認定の方法がつくられ第27条は削除された（図3-3参照）。

新たな認定の仕組みでは,①保育を必要とする事由,②区分（保育必要量）,③優先利用の3つの基準で判断されることとなった（①,②については国が基準を設定する）。

保護者は入所希望申請を行い,申し込みが受理されると児童の家庭状況を調査し,保育の実施基準に照らしあわせ入所の決定がなされる。保育所利用のための仕組みは図3-4のとおりである。

6）認定こども園制度の創設

2006（平成18）年10月より就学前の多様な教育・保育のニーズに対応する新たな選択肢として「認定こども園」の制度が創設された。認定こども園はこれまで幼稚園や保育所で取り組まれてきた教育や保育の活動を一体化させて提供することにより新たな保育環境を創設し,待機児童の解消へ向けての期待が込められている。

認定こども園は保護者の就労の有無にかかわらず子どもを受け入れて,教育・保育を一体的に実施し,すべての子育て家庭を対象に,子育て不安に対応

第3章 児童家庭福祉と保育

1. 概要
   ○ 子ども・子育て支援新制度では、実施主体である市町村が、保護者の申請を受け、客観的な基準に基づき、保育の必要性を認定した上で、給付を支給する仕組み。
   ○ 保育の必要性の認定に当たっては、①「事由」（保護者の就労、疾病など）、②「区分」（保育標準時間、保育短時間）の2区分、保育必要量）について、国が基準を設定。
2. 「事由」について
   ○ 給付の対象となる教育・保育の適切な提供等に当たって施設・事業者に対して求める基準を設定。

新制度施行前の「保育に欠ける」事由	新制度における「保育の必要性」の事由
○以下のいずれかの事由に該当し、かつ、同居の親族その他の者が当該児童を保育することができないと認められること ①昼間労働することを常態としていること（就学） ②妊娠中であるか又は出産間がないこと（妊娠、出産） ③疾病にかかり、若しくは負傷し、又は精神若しくは身体に障害を有していること（保護者の疾病、障害） ④同居の親族を常時介護していること（同居親族の介護） ⑤震災、風水害、火災その他の災害の復旧に当たっていること（災害復旧） ⑥前各号に類する状態にあること。（その他）	○以下のいずれかの事由に該当すること ※同居の親族その他の者が当該児童を保育することができる場合、その優先度を調整することが可能 ①就労 ・フルタイムのほか、パートタイム、夜など基本的にすべての就労に対応（一時預かりで対応可能な短時間の就労は除く） ②妊娠、出産 ③保護者の疾病、障害 ④同居又は長期入院している親族の介護・看護 ・兄弟姉妹の小児慢性疾患に伴う看護など、同居又は長期入院・入所している親族の常時の介護、看護 ⑤災害復旧 ⑥求職活動・起業準備を含む ⑦就学・職業訓練校等における職業訓練を含む ⑧虐待やDVのおそれがあること ⑨育児休暇取得時に、既に保育を利用している子どもがいて継続利用が必要であること ⑩その他、上記に類する状態として市町村が認める場合

図3-3 保育の必要性の認定

出所：内閣府子ども・子育て本部「子ども子育て新制度について」（平成27年10月）。

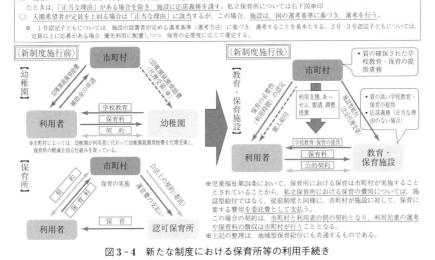

図3-4 新たな制度における保育所等の利用手続き

出所：図3-3と同じ。

表3-1　幼稚園，保育所，認定こども園の概要

	幼稚園	保育所	認定こども園			
根拠となる法律	学校教育法	児童福祉法	認定こども園法			
利用するための要件	特になし・希望者	保育を必要とする	類型により異なる			
				幼保連携型	幼稚園型	保育所型	地方裁量型
対象となる年齢	3～5歳	0～5歳	保育に欠ける場合	0～5歳	0～5歳	0～5歳	0～5歳
			保育に欠けない場合	3～5歳	3～5歳	3～5歳	3～5歳
				0～3歳未満は認可外保育施設として運用			
活動の基本	幼稚園教育要領にもとづく教育	保育所保育指針にもとづく保育	地域における子育て支援の実施，すべての子育て家庭を対象に，子育て不安に対応した相談や親子のつどいの場等を提供			
			幼保連携型認定こども園教育・保育要領にもとづく教育・保育	幼稚園教育要領にもとづく教育	保育所保育指針にもとづく保育	

出所：筆者作成。

した相談や親子の集いの場の提供などを実施することとしている。

　認定こども園には，①幼保連携型，②幼稚園型，③保育所型，④地方裁量型の4つの形態が設けられており（表3-1），利用するためには自治体（区や市町村）から利用するための認定を受ける必要がある。教育・保育を利用する子どもは上記3つの認定区分を受け利用することになる（表3-2）。

　4つの認定こども園のちがいは表3-3に示すとおりであり，提供する教育・保育の内容について，幼保連携型の認定こども園では「幼保連携型認定こども園教育・保育要領」が定められ，子どもの支援にあたる職員は保育教諭の配置が義務づけられている。保育教諭になるためには幼稚園教諭と保育士資格の併用を原則としており，今後他の類型でも同様の対応が予測される。

第3章 児童家庭福祉と保育

表3-2 新制度では教育・保育を利用する子どもについて3つの認定区分

1号認定：教育標準時間認定	・満3歳以上 →	認定こども園，幼稚園
2号認定：保育認定（標準時間・短時間）	・満3歳以上 →	認定こども園，保育所
3号認定：保育認定（標準時間・短時間）	・満3歳未満 →	認定こども園，保育所，地域型保育

出所：「認定こども園」HP（http://www.youho.go.jp/index.html, 2016年2月17日閲覧）。

表3-3 認定こども園の比較

幼保連携型認定こども園とその他の認定こども園の比較（主なもの）

	幼保連携型認定こども園	幼稚園型認定こども園	保育所型認定こども園	地方裁量型認定こども園
法的性格	学校かつ児童福祉施設	学校（幼稚園＋保育所機能）	児童福祉施設（保育所・幼稚園機能）	幼稚園機能＋保育所機能
職員の性格	保育教諭（注1）（幼稚園教諭＋保育士資格）	満3歳以上→両免許・資格の併有が望ましいがいずれでも可 満3歳未満→保育士資格が必要	満3歳以上→両免許・資格の併有が望ましいがいずれでも可 満3歳未満→保育士資格が必要 ※ただし，2・3号子どもに対する保育に従事する場合は，保育士資格が必要	満3歳以上→両免許・資格の併有が望ましいがいずれでも可 満3歳未満→保育士資格が必要
給食の提供	2・3号子どもに対する食事の提供義務 自園調理が原則・調理室の設置義務（満3歳以上は，外部搬入可）	2・3号子どもに対する食事の提供義務 自園調理が原則・調理室の設置義務（満3歳以上は，外部搬入可） ※ただし，基準は参酌基準のため，各都道府県の条例等により，異なる場合がある。	2・3号子どもに対する食事の提供義務 自園調理が原則・調理室の設置義務（満3歳以上は，外部搬入可）	2・3号子どもに対する食事の提供義務 自園調理が原則・調理室の設置義務（満3歳以上は，外部搬入可） ※ただし，基準は参酌基準のため，各都道府県の条例等により，異なる場合がある。
開園日・開園時間	11時間開園，土曜日が開園が原則（弾力運用可）	地域の実情に応じて設定	11時間開園，土曜日が開園が原則（弾力運用可）	地域の実情に応じて設定

注：1) 一定の経過措置あり。

※施設整備費について
- 安心こども基金により対象となっていた各類型の施設整備に係る費用については，新制度施行後においても引き続き，認定こども園設置整備交付金や保育所等整備交付金等により，補助の対象となります。
- 1号認定子どもに係る費用については公定価格上減価償却に係る費用が算定されています。また2・3号認定子どもに係る費用については，施設整備費補助を受けずに整備した施設について同加算が受けられます。

出所：図3-3と同じ。

【ポイント整理】

○世界人権宣言
　世界人権宣言は，人権および自由を尊重し確保するため，「すべての人民とすべての国とが達成すべき共通の基準」について，1948年12月10日に第3回国連総会において採択された。

○児童の権利に関する宣言
　子どもの人権を守るための宣言で，1959年11月20日，第14回国連総会で採択された。国際連合憲章と世界人権宣言にもとづくもので，前文と10条からなる。

○児童の権利に関する条約
　1989年11月20日に国連総会で採択された国際条約である。1990年9月2日に発効し，日本国内では1994年5月22日から効力が発生した。

○児童憲章
　日本国憲法の精神にもとづいて，すべての児童の幸福を図るために定められた日本版の児童の権利宣言といえるものである。前文に3つの原則と12条の本文からなる。児童憲章を制定した日を記念してこどもの日がつくられた。

○子ども・子育て関連3法
　『子ども・子育て支援新制度』を構成する「子ども・子育て支援法」「認定こども園法の一部改正」「子ども・子育て支援法及び認定こども園法の一部改正法の施行に伴う関係法律の整備等に関する法律」の3つの法律のことであり，この，子ども・子育て関連3法にもとづく制度のことを『子ども・子育て支援新制度』という。

○幼保連携型認定こども園
　改正認定こども園法にもとづいて，法的位置づけとして幼稚園としての機能と保育所としての機能の両方をもつ単一の施設として創設されて施設。

【振り返り問題】

1　現代社会における子どもの人権擁護のあり方について考察してみよう。
2　児童にとって，なぜ家庭は必要とされるのか考察し，児童家庭福祉に求められることはどのようなことか話しあってみよう。
3　保育所の役割について整理してみよう。
4　保育士の役割を整理し，望ましい保育士の姿について考察してみよう。

第3章　児童家庭福祉と保育

〈注〉
(1) 現行の「保育所保育指針」は2012（平成24）年に実施された児童福祉法の改正にともなって改正されていないため，「保育所保育指針」の記載内容は旧児童福祉法第39条（改正に伴い削除）の規程に沿って作成されている。

〈参考文献〉
厚生労働省「福祉行政報告例（平成27年6月分概数）」。
厚生労働省『厚生労働白書　平成27年版』。
厚生労働省「保育所保育指針」平成20年3月28日。
内閣府「人権擁護に関する世論調査」報告書（内閣府大臣官房政府広報室HP〔http://survey.gov-online.go.jp/h24/h24-jinken/index.html，2016年2月20日閲覧〕）。
内閣府子ども・子育て本部「子ども子育て新制度について」。
内閣府「幼保連携型認定こども園　教育・保育要領」2014年12月。
ミネルヴァ書房編集部編『ワイド版社会福祉小六法 2015年版資料付』ミネルヴァ書房，2015年。

【文献案内】
荒井洌『エレン・ケイ保育への夢——「児童の世紀」へのお誘い』フレーベル館，2001年。
　——エレン・ケイ（Ellen Karolina Sofia Key, 1849～1926）はスウェーデンの女性の教育思想家で，19世紀後半における子どもたちのおかれている環境をふまえ，子どもが親やおとなの価値観によって子どもらしさを失い，つらい思いをして育つのではなく，自分自身で考え成長してゆくことを願い1900（明治33）年に「児童の世紀」（"The Century of the Child", 1900, New York）を発刊した。この本は明治時代以降，日本でも翻訳され紹介されている。本書は荒井洌氏が『児童の世紀』をもとにエレン・ケイの考えをわかりやすく解説しており，子どもの人権擁護や児童家庭福祉が目指すべきことはどのようなことかを考えるうえで必読の書といえる。
河合隼雄『父親の力　母親の力』講談社新書，2005年。
　——「家族とは何か？」と問われて即座に回答できる人は少ないと思う。本書は臨床心理学者である河合隼雄さんが日本の家族が有するべき役割や家族内の人間関係の希薄さなどについて解説し，子どもにとって良い親子関係のあり方や，問題が発生した場合，どのように対処すればよいのかなどについて解説されている。読みやすく解説されているので親子の役割をふまえた家族関係のあり方を知るうえで必読の書といえる。

(小野澤　昇)

第4章
児童家庭福祉の制度

―― 本章のポイント ――

　児童家庭福祉の制度は法律によって組み立てられ，行政によって合理的・合目的に運用されています。つまり，子どもとその家庭の福祉を実現するための制度は，法と行財政によって形成されているのです。児童家庭福祉に関する法律は，国家の最高法規である憲法や，国際法にもとづいて成立した「児童の権利に関する条約」を根拠とし，その理念を具体化するために制定されたものです。本章では，日本国憲法，児童の権利に関する条約に示されている人としての権利，子どもの権利を確認し，それを具体化するための児童家庭福祉の法律について概説します。そしてさらに，それら法律を実践化していく行政とその役割，財政の仕組み，行政の実施機関について学びます。

第1節　児童家庭福祉の制度と法体系

（1）児童家庭福祉の法体系
1）日本国憲法と児童家庭福祉の制度

　わが国の児童家庭福祉の制度，法体系の基本は，国の最高法規である日本国憲法に求めることができる。憲法は，国民の権利・自由を守るために，国がやるべきこと，やってはいけないことを国民が定めた決まり（最高法規）である。「国民主権」「基本的人権の尊重」「平和主義」を3大原則としているが，特に社会福祉のより所といえるのは，第25条と第13条である。第25条，第13条では，

すべての国民は「人間らしく生きる権利（生存権）」「自分らしく生きる権利（幸福追求権）」を有していることを謳うとともに，それら権利は国によって保障，尊重されなければならないことを定めている。

〔国民の生存権，国の保障義務〕
第25条　すべて国民は，健康で文化的な最低限度の生活を営む権利を有する。
　　　②　国は，すべての生活部面について，社会福祉，社会保障及び公衆衛生の向上及び増進に努めなければならない。
〔個人の尊重〕
第13条　すべて国民は，個人として尊重される。生命，自由及び幸福追求に対する国民の権利については，公共の福祉に反しない限り，立法その他の国政の上で，最大の尊重を必要とする。

　上記以外にも，日本国憲法が国民に対して保障する権利には，「国民の基本的人権の永久不可侵性」（第11条），「法の下の平等」（第14条），「奴隷的拘束及び苦役からの自由」（第18条），「思想及び良心の自由」（第19条），「信教の自由」（第20条），「集会・結社・表現の自由」（第21条），「家族生活における個人の尊厳と両性の平等」（第24条），「教育を受ける権利，受けさせる義務」（第26条），「勤労の権利・義務，勤労条件の基準，児童酷使の禁止」（第27条）などがある。これらの権利は人が生まれながらにしてもっている権利である。憲法は一方で，国民の3大義務として，教育を受けさせる義務（第26条第2項），勤労の義務（第27条第1項），納税の義務（第30条）を定めているが，国民の権利は，義務を果たしているか否かにかかわりなく，子どもをふくむすべての人に保障されるものである。憲法が簡単に変えられ，人権保障が安易に弱められることのないよう，憲法の改正には各議院の総議員の3分の2以上の賛成による国会の発議と国民投票が必要として，厳しい要件を定められている。

2）児童の権利に関する条約（1994〔平成6〕年）と児童家庭福祉の制度
　児童の権利に関する条約は1989年11月20日に国際連合で全会一致で採択され，日本は1990（平成2）年9月21日に署名，1994（平成6）年4月22日に批准をし

ている。この条約は，大人に認められている権利を子どもにも認めていくことを目的としており，子どもを権利の主体として位置づけている。子どもに関するあらゆる決定の判断基準には子どもの最善の利益が考慮されるべきことを示した「子どもの最善の利益」（第3条），自分に関する重要な事柄について子どもが自らの意見を表明し，事柄の決定にその意見を反映させる権利を子どもに認めた「意見を表明する権利」（第12条），子どもも大人と同様に市民としての自由な権利を有していることを明示した「表現の自由」（第13条），「思想・良心・宗教の自由」（第14条），「結社・集会の自由」（第15条），「プライバシー・名誉の保護」（第16条），「情報及び資料の利用」（第17条）等が定められている。「子どもには正しい判断はできない」「まだ一人前ではない」「大人のいうことを聞いていればまちがいない」といった考えが強いわが国においては，「子どもの最善の利益」「意見表明権」「市民的自由権」の保障は大きな課題である。

3）児童家庭福祉の法体系

児童家庭福祉の制度は，直接児童福祉にかかわる「児童福祉六法」をはじめ，社会福祉各法，医療・保健・公衆衛生，教育，労働など多岐にわたる法律により，推進されている（表4-1参照）。法律はその成立時の社会状況を背景に制定されるが，その内容，程度，範囲などはそれぞれの時代の社会的，経済的状況，国民の受容状況等との関係のなかで改正され，社会的合意の一つの形として制度となっていく。児童家庭福祉の分野では，少子化や相次ぐ児童虐待事件，児童福祉における保護救済から自立支援へという考え方の変化，子どもの貧困問題の顕在化などを受け，少子化対策，子育て支援，虐待や暴力，貧困から子どもを守るための新しい法律の成立，児童福祉法の相次ぐ改正などがみられる。

（2）児童福祉法（1947〔昭和22〕年制定）
1）制定の経緯とその後の改正

児童福祉法は1947（昭和22）年，戦後の混乱と危機的状況のもと，特に社会秩序の低下と窮乏のなかに置かれた戦災孤児や浮浪児，引き上げ孤児などに対する施策が急務とされるなか，制定された。わが国の法律において初めて「福

表4-1 児童家庭福祉に関する法律

児童福祉六法	児童家庭福祉の中心的法律	児童福祉法　母子及び父子並びに寡婦福祉法　母子保健法
	経済的支援のための法律	児童手当法　児童扶養手当法　特別児童扶養手当等の支給に関する法律
少子化対策・子育て支援に関する法律		少子化社会対策基本法　次世代育成支援対策推進法　子ども・子育て支援法　等
社会福祉に関する法律		社会福祉法　生活保護法　民生委員法　等
障害児・者に関する法律		障害者基本法　障害者の日常生活及び社会生活を総合的に支援するための法律　身体障害者福祉法　知的障害者福祉法　精神保健及び精神障害者福祉に関する法律　発達障害者支援法　等
教育に関する法律		教育基本法　学校教育法　社会教育法　就学困難な児童及び生徒に係る就学奨励についての国の援助に関する法律　特別支援学校への就学奨励に関する法律　就学前の子どもに関する教育，保育等の総合的な提供の推進に関する法律　等
労働に関する法律		労働基準法　職業安定法　最低賃金法　勤労青少年福祉法　障害者の雇用の促進等の関する法律　育児休業，介護休業等育児又は家族介護を行う労働者の福祉に関する法律　雇用の分野における男女の均等な機会及び待遇の確保等に関する法律　等
医療・保健・公衆衛生に関する法律		学校保健安全法　学校給食法　感染症法　地域保健法　医療法　母体保護法　等
社会保険に関する法律		健康保険法　国民健康保険法　厚生年金保険法　国民年金法　労働者災害補償保険法　雇用保険法　等
司法福祉に関する法律		民法　家事審判法　戸籍法　刑法　売春防止法　少年法　少年院法
子どもへの虐待防止，子どもの貧困対策等に関する法律		児童虐待の防止等に関する法律　児童買春，児童ポルノに係る行為等の規制及び処罰並びに児童の保護等に関する法律　配偶者からの暴力の防止及び被害者の保護等に関する法律　子どもの貧困対策の推進に関する法律　等
少子化対策・子育て支援に関する法律		少子化社会対策基本法　次世代育成支援対策推進法　子ども・子育て支援法　等
行財政等の法律		地方自治法　厚生労働省設置法　行政不服審査法　行政手続法　地方分権の推進を図るための関係法律の整備等に関する法律　等

出所：福祉士養成講座編集委員会編『児童福祉論 第3版』中央法規出版，2005年，69頁をもとに筆者作成。

祉」という語が用いられたこと，要保護児童だけではなく「すべての子ども」を対象とする一般的施策とされたこと，子どもの養育には保護者とともに国や地方公共団体が責任をもつと明記されたことが画期的であったとされる。

　児童福祉法は，戦後の混乱期，高度経済成長期と，半世紀にわたってわが国

の児童家庭福祉制度の中核を担ってきたが，子どもと家庭環境を取り巻く環境は戦後50年を経て大きく変貌した。物質的な豊かさを誇る一方で，少子化，共働き家庭の増加，家庭や地域の子育て機能の低下，児童虐待の増加などが注目されるようになった。そのような社会の変化をふまえ，児童福祉法制定50年にあたる1997（平成9）年6月，子育てしやすい環境の整備，児童の健全育成・自立支援を図ることを目的に「児童福祉法等の一部を改正する法律」が成立し，1998（平成10）年4月から施行された。この法改正では，保育所の入所方法が市町村による措置（行政処分）から選択利用方式に，費用負担が応能負担方式から応益負担方式に変更されると同時に，地域の子育て家庭の相談・助言にまで保育所の対応する範囲を拡大する，放課後児童健全育成事業を法定化するなど子育て支援機能の強化が図られた。また児童家庭福祉における施策の目的に従来の「保護救済」に「自立支援」が付加され，それにともない児童福祉施設の機能，名称の変更が行われ，また「児童家庭支援センター」が新たに第二種社会福祉事業として創設された。児童福祉法はその後も表4-2のように改正が重ねられている。

2）児童福祉法の概要

先述のように，児童福祉法は，児童福祉，児童家庭福祉のもっとも基本となる法律であり，第1条から第3条では，児童福祉の原理が謳われている。

〔児童福祉の理念〕
第1条　すべて国民は，児童が心身ともに健やかに生まれ，且つ，育成されるよう努めなければならない。
　　②　すべて児童は，ひとしくその生活を保障され，愛護されなければならない。

〔児童育成の責任〕
第2条　国及び地方公共団体は，児童の保護者とともに，児童を心身ともに健やかに育成する責任を負う。

〔原理の尊重〕
第3条　前2条に規定するところは，児童の福祉を保障するための原理であり，この原理は，すべて児童に関する法令の施行にあたつて，常に尊重されなければならない。

表4-2　2000年以降の児童福祉法の主な改正

年	改正内容
2000（平成12）年	・母子生活支援施設及び助産施設への選択利用方式の導入 ・地域小規模児童養護施設の制度化
2001（平成13）年	・認可外保育施設の情報公開，監督の強化 ・認可外保育所整備促進のための公設民営方式推進などに係る措置 ・保育士資格の国家資格化 ・児童委員の職務の明確化と施設の向上
2002（平成14）年	・子育て短期支援事業の創設
2003（平成15）年	・待機児童50人以上の市町村への市町村保育計画策定の義務化
2004（平成16）年	・児童虐待における市町村と児童相談所（都道府県）の業務の役割分担の明確化 ・要保護児童対策地域協議会の任意設置法定化 ・乳児院，児童養護施設の年齢要件の見直し ・児童福祉施設退所者のアフターケアの実施 ・要保護児童に係る措置に関する司法関与の見直し
2007（平成19）年	・児童虐待にかかわる立入調査の強化，保護者に対する面会・通信等の制限の強化 ・都道府県知事による保護者の子どもへのつきまとい等禁止制度の創設 ・要保護児童対策地域協議会の設置の努力義務化
2008（平成20）年	・子育て支援事業の第二種社会福祉事業としての法定化 ・小規模住居型児童養育事業の創設
2010（平成22）年	・障害種別で分類されていた障害児施設の利用形態（入所・通所）による再編 ・障害児の放課後等デイサービス，保育所等訪問支援の創設
2015（平成27）年	・小児慢性特定疾病の患児に対する医療費助成の法定化

出所：筆者作成。

児童福祉法は8章から構成されており，各章の内容は表4-3のとおりである。

表4-3　児童福祉法の内容

	章題	内容
第1章	総則	上記原理の他，児童，障害児，妊産婦，保護者，小児慢性特定疾病，障害児通所支援，事業，里親，児童福祉施設及び障害児入所支援の定義，児童福祉審議会，実施機関，児童福祉司，児童委員，保育士について規定されている。
第2章	福祉の保障	療育の指導，小児慢性特定疾病医療費の支給，居宅生活の支援，助産施設，母子生活支援施設及び保育所への入所，障害児入所給付費，高額障害児入所給付費及び特定入所障害児食費等給付費並びに障害児入所医療費の支給，障害児相談支援給付費及び特例障害児相談支援給付費の支給，要保護児童の保護措置費等，被措置児童等虐待の防止等，禁止行為が規定されている。

第3章	事業,養育里親及び施設	障害児通所支援事業,障害児相談支援事業,児童自立生活援助事業等,放課後児童健全育成事業,子育て短期支援事業,乳児家庭全戸訪問事業等,地域子育て支援拠点事業,一時預かり事業,家庭的保育事業の各種事業,養育里親,助産施設,乳児院,母子生活支援施設,保育所,児童厚生施設,児童養護施設,障害児入所施設,児童発達支援センター,情緒障害児短期治療施設,児童自立支援施設等について定めている。
第4章	費用	国庫,都道府県,市町村の支弁,国庫,都道府県による負担,費用の徴収,私立児童福祉施設に対する補助,児童委員に要する費用に対する補助等について規定している。
第5章	国民健康保険団体連合会の児童福祉法関係業務	連合会の業務について定めている。
第6章	審査請求	市町村の障害児通所給付費等に係る処分に不服がある保護者の都道府県知事への審査請求などについて規定されている。
第7章	雑則	福祉の保障に関する連絡調整等,保育所の設置又は運営の促進,特定市町村による市町村保育計画,認可外施設の立入調査,事業停止命令等,無認可保育所の届け出などについて規定されている。
第8章	罰則	禁止行為を行った者や職務上知り得た業務上の秘密又は個人の秘密を漏らした者への罰則等について規定されている。

出所:筆者作成。

　児童福祉法を実施するために,本法にもとづいて児童福祉法施行令,児童福祉法施行規則,児童福祉施設の設備及び運営に関する基準,指定通所支援の事業等の人員,設備及び運営に関する基準,指定障害児入所施設等の人員,設備及び運営に関する基準,指定障害児相談支援の事業の人員,設備及び運営に関する基準,里親が行う養育に関する最低基準,が定められ,各種通達により児童福祉法の体系が施行されている。

(3) 関係諸法令の概要
1) 母子及び父子並びに寡婦福祉法 (1964〔昭和39〕年制定)
　1964 (昭和39) 年に母子福祉法として制定されたが,1981 (昭和56) 年に母子及び寡婦福祉法に名称が変更された。近年,離婚の急増等により母子家庭,父子家庭などひとり親家庭が増えている。ひとり親家庭は経済的,社会的,精神的に不安定な状況に置かれやすいことから,さまざまな配慮,支援を必要とす

る。2002（平成14）年には子育て・生活支援，養育費の確保などを推進するため，また母子家庭等に父子家庭もふくむこととするための改正がなされ，2014（平成26）年には現行の法律名に変更された。ちなみに本法では「児童」は「20歳に満たない者」，「寡婦」とは「配偶者のない女子であって，かつ配偶者のない女子として児童を扶養していたことのあるもの」をいう。

本法は「母子家庭等及び寡婦の福祉に関する原理を明らかにするとともに，母子家庭等及び寡婦に対し，その生活の安定と向上のために必要な措置を講じ，もつて母子家庭等及び寡婦の福祉を図ることを目的」（第１条）とし，「児童がその置かれている環境にかかわらず，心身ともに健やかに育成されるために必要な諸条件とその母子家庭の母及び父子家庭の父の健康で文化的な生活とが保障される」（第２条第１項）こと，「寡婦には，母子家庭の母及び父子家庭の父に準じて健康で文化的な生活が保障される」（第２条第２項）ことを理念としている。

福祉の措置としては，母子（父子，寡婦）福祉資金の貸付け，母子・父子福祉団体に対する貸付け，母子家庭（父子家庭・寡婦）日常生活支援事業，売店等の設置の許可（母子家庭，寡婦対象），製造たばこの小売販売業の許可（母子家庭対象），公営住宅の供給に関する特別の配慮（母子家庭，父子家庭対象），保育所への入所等に関する特別の配慮（母子家庭対象），雇用の促進（母子家庭対象），母子家庭（父子家庭，寡婦）就業支援事業，母子家庭（父子家庭）自立支援給付金，母子・父子福祉センター，母子・父子休養ホーム等について規定されている。

2）母子保健法（1965〔昭和40〕年制定）

本法の目的は「母性並びに乳児及び幼児の健康の保持及び増進を図るため，母子保健に関する原理を明らかにするとともに，母性並びに乳児及び幼児に対する保健指導，健康診査，医療その他の措置を講じ，もつて国民保健の向上に寄与すること」（第１条）であり，第２条では「母性は，すべての児童がすこやかに生まれ，かつ，育てられる基盤であることにかんがみ，尊重され，かつ保護されなければならない」こと，第３条では「乳児及び幼児は，心身ともに健

全な人として成長してゆくために，その健康が保持され，かつ，増進されなければならない」ことが述べられている。

母子保健の向上に関する措置としては，妊娠の届出，母子健康手帳の交付，訪問指導（妊産婦，新生児，未熟児），健康診査（妊産婦，乳児，幼児，1歳6か月児，3歳児），低体重児の届出，養育医療，母子保健施設などについて規定されている。

3）児童買春・ポルノ禁止法（1999〔平成11〕年制定）

この法律は児童の権利に関する条約第34条の趣旨を反映し制定されたもので，正式な法律名は「児童買春，児童ポルノに係る行為等の規制及び処罰並びに児童の保護等に関する法律」である。「児童に対する性的搾取及び性的虐待が児童の権利を著しく侵害することの重大性に鑑み，あわせて児童の権利の擁護に関する国際的動向を踏まえ，児童買春，児童ポルノに係る行為等を規制し，及びこれらの行為等を処罰するとともに，これらの行為等により心身に有害な影響を受けた児童の保護のための措置等を定めることにより，児童の権利を擁護することを目的」（第1条）としている。

しかし法律施行後においても，わが国は先進国のなかで特に児童買春や児童ポルノへの対応や対策が不十分であり，野放し状態であるとの国際的な非難を受けてきたことから，2014（平成26）年の改正では，児童買春罪，児童買春幹旋罪，児童買春勧誘罪，児童ポルノの提供等に関する罪の懲役刑，罰金刑の引き上げと両罰規定の創設，インターネットなどによる不特定多数または特定の者に対する送信や児童ポルノに関する写真や映像などをもつ単純所持の処罰の対象化など，被害の拡大を防ぐための規制を強化しつつある。

4）児童虐待の防止等に関する法律（2000〔平成12〕年制定）

この法律は，「児童虐待が児童の人権を著しく侵害し，その心身の成長及び人格の形成に重大な影響を与え」「将来の世代の育成にも懸念を及ぼす」ことから，「児童に対する虐待の禁止，児童虐待の予防及び早期発見その他の児童虐待の防止に関する国及び地方公共団体の責務，児童虐待を受けた児童の保護及び自立の支援のための措置等を定めることにより，児童虐待の防止等に関す

る施策を促進し，もって児童の権利利益の擁護に資することを目的」（第1条）としている。第2条では虐待を4つの類型に分類し，保護者だけではなく同居人によるネグレクトも虐待になること，児童が同居する家庭における配偶者に対する暴力も児童虐待になることを明らかにしている。児童虐待の防止のための方策として，特定の職種への児童虐待の早期発見義務や児童虐待発見者の通告義務，通告を受けた児童相談所などによるすみやかな児童の安全確認と保護，虐待が疑われる保護者への出頭要求や立入調査，裁判所の許可を得ての臨検，警察署長への援助要請，虐待を行った保護者の指導を受ける義務，児童への面会の制限などについて規定されている。

　児童相談所への虐待相談件数は，統計を取り始めた1990（平成2）年度には1,101件であったものが，2014（平成26）年度には8万8,931件と急激に増加している。これは，本法が制定され国民の義務として「通告の義務」が課され今まで見すごされていた児童虐待の発見，通告につながったこと，厚生労働省が2013（平成25）年8月の通知で，虐待の被害児童に兄弟姉妹がいる場合，その兄弟姉妹も心理的虐待を受けていると見なして対応するよう求めたこと，子どもの前で配偶者間暴力（DV）を振るう「面前DV」による心理的虐待について警察からの相談や通告が増えたことが要因と考えられている。

　5）ドメスティック・バイオレンス（DV）防止法（2001〔平成13〕年制定）

　正式な法律名は「配偶者からの暴力の防止及び被害者の保護等に関する法律」である。本法の前文で，「配偶者からの暴力は，犯罪となる行為をも含む重大な人権侵害であるにもかかわらず，被害者の救済が必ずしも十分に行われてこなかった」こと，「被害者は，多くの場合女性であり，経済的自立が困難である女性に対して配偶者が暴力を加えることは，個人の尊厳を害し，男女平等の妨げとなっている」ことを示し，その状況を改善し，人権の擁護と男女平等の実現を図るために「配偶者からの暴力を防止し，被害者を保護するための施策を講ずることが必要」と規定されている。そのため「配偶者からの暴力に係る通報，相談，保護，自立支援等の体制を整備することにより，配偶者からの暴力の防止及び被害者の保護を図る」ことを目的に本法が制定された。

この法律では，配偶者からの暴力に関する定義，国および地方公共団体の責務，暴力の防止および被害者の保護のための配偶者暴力相談支援センターの設置，その他基本計画の策定や被害者の保護，保護命令などが規定されている。保護命令には，被害者への接近禁止命令，自宅からの退去命令，電話・メールなどの禁止命令，未成年の子や親族への接近禁止命令などがある。配偶者の暴力は，母親とともにいる子どもに向けられることもあり，この法律は，子どもの福祉ともかかわるものである。相談員としては婦人相談員，保護施設としては婦人保護施設の活用を図ることとされている。

6）次世代育成支援対策推進法（2003〔平成15〕年制定）

　1989（平成元）年の1.57ショック以降，1994（平成6）年策定のエンゼルプラン，緊急保育対策等5か年事業（1995～1999年），1999（平成11）年策定の新エンゼルプラン（2000～2004年），新エンゼルプランを引き継ぐ2004（平成16）年策定の「少子化社会対策大綱に基づく重点施策の具体的実施計画について（子ども・子育て応援プラン）」（2005～2009年）と，わが国は少子化対策に取り組んできた。「次世代育成支援対策推進法」は，この取り組みの過程で制定された。

　「我が国における急速な少子化の進行並びに家庭及び地域を取り巻く環境の変化にかんがみ，次世代育成支援対策に関し，基本理念を定め，並びに国，地方公共団体，事業主及び国民の責務を明らかにするとともに，行動計画策定指針並びに地方公共団体及び事業主の行動計画の策定その他の次世代育成支援対策を推進するために必要な事項を定めることにより，次世代育成支援対策を迅速かつ重点的に推進し，もって次代の社会を担う子どもが健やかに生まれ，かつ，育成される社会の形成に資することを目的」（第1条）とし，「次世代育成支援対策は，父母その他の保護者が子育てについての第一義的責任を有するという基本的認識の下に，家庭その他の場において，子育ての意義についての理解が深められ，かつ，子育てに伴う喜びが実感されるように配慮して行われなければならない」（第3条）ことを基本理念としている。この法律は2005（平成17）年4月から2015（平成27）年3月までの10年間の時限立法であったが，2014（平成26）年4月に法改正され，有効期限が2025（平成37）年3月まで延長

された。この法改正では，特に次世代育成支援対策の実施状況が優良な事業主には厚生労働大臣が新たな認定（特例認定）を行い，この認定を受けた事業主には，一般事業主行動計画の策定・届出義務にかわり，次世代育成支援対策の実施状況の公表が義務づけられることとなった。

7）少子化社会対策基本法（2003〔平成15〕年制定）

本法は次世代育成支援対策推進法と同時期に議員立法によって成立した。本法の目的は，「我が国において急速に少子化が進展しており，その状況が二十一世紀の国民生活に深刻かつ多大な影響を及ぼすものであることにかんがみ，このような事態に対し，長期的な視点に立って的確に対処するため，少子化社会において講ぜられる施策の基本理念を明らかにするとともに，国及び地方公共団体の責務，少子化に対処するために講ずべき施策の基本となる事項その他の事項を定めることにより，少子化に対処するための施策を総合的に推進し，もって国民が豊かで安心して暮らすことのできる社会の実現に寄与すること」（第1条）であり，「少子化に対処するための施策は，父母その他の保護者が子育てについての第一義的責任を有するとの認識の下に，国民の意識の変化，生活様式の多様化等に十分留意しつつ，男女共同参画社会の形成とあいまって，家庭や子育てに夢を持ち，かつ，次代の社会を担う子どもを安心して生み，育てることができる環境を整備することを旨として講ぜられなければならない」（第2条第1項）ことを基本理念としている。

具体的には雇用環境の整備，保育サービスなどの充実，地域社会における子育て支援体制の整備，母子保健医療体制の充実，ゆとりのある教育の推進など，生活環境の整備，経済的負担の軽減，教育および啓発について規定している。また大綱案の作成や施策に必要な関係行政機関相互の調整，施策に関連する重要事項の審議，および施策実施の推進にかかわる事務を司る機関として，内閣府に「少子化社会対策会議」を設置することとしている。

8）発達障害者支援法（2004〔平成16〕年制定）

この法律は「発達障害者の心理機能の適正な発達及び円滑な社会生活の促進のために発達障害の症状の発現後できるだけ早期に発達支援を行うことが特に

重要であることにかんがみ，発達障害を早期に発見し，発達支援を行うことに関する国及び地方公共団体の責務を明らかにするとともに，学校教育における発達障害者への支援，発達障害者の就労の支援，発達障害者支援センターの指定等について定めることにより，発達障害者の自立及び社会参加に資するようその生活全般にわたる支援を図り，もってその福祉の増進に寄与すること」（第1条）を目的とする。第2条では「発達障害」を「自閉症，アスペルガー症候群その他の広汎性発達障害，学習障害，注意欠陥多動性障害その他これに類する脳機能の障害であってその症状が通常低年齢において発現するもの」，「発達障害者」を「発達障害を有するために日常生活又は社会生活に制限を受ける者」，「発達障害児」を「発達障害者のうち十八歳未満のもの」，「発達支援」を「発達障害者に対し，その心理機能の適正な発達を支援し，及び円滑な社会生活を促進するため行う発達障害の特性に対応した医療的，福祉的及び教育的援助」と定義している。責務については，国および地方公共団体の責務を定めるとともに，国民の責務としては「発達障害者の福祉について理解を深めるとともに，社会連帯の理念に基づき，発達障害者が社会経済活動に参加しようとする努力に対し，協力するように努めなければならない」（第4条）としている。

　支援のための施策としては，児童の発達障害の早期発見，早期の発達支援，保育，教育，放課後児童健全育成事業の利用，就労の支援，地域での生活支援，権利擁護，発達障害者の家族への支援，発達障害者支援センター，専門的な医療機関の確保等が定められている。

9）就学前の子どもに関する教育，保育等の総合的な提供の推進に関する法律（2006〔平成18〕年制定）

　この法律は「小学校就学前の子どもの教育及び保育に対する需要が多様なものとなっていることにかんがみ，地域における創意工夫を生かしつつ，幼稚園及び保育所等における小学校就学前の子どもに対する教育及び保育並びに保護者に対する子育て支援の総合的な提供を推進するための措置を講じ，もって地域において子どもが健やかに育成される環境の整備に資すること」（第1条）を目的として，認定こども園に関する認定手続き等が規定されている。認定こど

も園の類型,職員配置,職員資格,施設設備,教育および保育の内容,子育て支援等については,「就学前の子どもに関する教育,保育等の総合的な提供の推進に関する法律第三条第二項及び第四項の規定に基づき内閣総理大臣,文部科学大臣および厚生労働大臣が定める施設の設備及び運営に関する基準」において定められている。

10) 子ども・子育て支援法(2015〔平成27〕年制定)

この法律は「我が国における急速な少子化の進行並びに家庭及び地域を取り巻く環境の変化に鑑み,児童福祉法その他の子どもに関する法律による施策と相まって,子ども・子育て支援給付その他の子ども及び子どもを養育している者に必要な支援を行い,もって一人一人の子どもが健やかに成長することができる社会の実現に寄与すること」(第1条)を目的とし,「子ども・子育て支援は,父母その他の保護者が子育てについての第一義的責任を有するという基本的認識の下に,家庭,学校,地域,職域その他の社会のあらゆる分野における全ての構成員が,各々の役割を果たすとともに,相互に協力して行われなければならない」(第2条第1項)ことを基本理念とし,市町村等の責務,事業主の責務,国民の責務を定め,「教育・保育施設」「地域型保育」等の定義づけを行っている。具体的な施策としては,子どものための現金給付(児童手当法に規定する児童手当)と,子どものための教育・保育給付,支給認定,地域子ども・子育て支援事業,子ども・子育て支援事業計画,子ども・子育て支援会議等について規定されている。

(4) 社会手当に関する法律

1) 児童扶養手当法(1961〔昭和36〕年制定)

この法律は「父又は母と生計を同じくしていない児童が育成される家庭の生活の安定と自立の促進に寄与するため,当該児童について児童扶養手当を支給し,もって児童の福祉の増進を図ること」(第1条)を目的とし,児童扶養手当の支給要件,手当額等について定めている。児童扶養手当は離別母子家庭の生活の基本を支える重要な経済支援施策であるが,対象世帯数の増加にともない

社会的費用が増大していること，対象母子家庭の自立促進を図ることから，支給期間の限定など支給のあり方が課題とされ，2002（平成14）年の改正では，「支給開始月の初日から起算して五年又は手当の支給要件に該当するに至つた日の属する月の初日から起算して七年を経過したときは，政令で定めるところにより，その一部を支給しない。ただし，当該支給しない額は，その経過した日の属する月の翌月に当該受給資格者に支払うべき手当の額の二分の一に相当する額を超えることができない」（第13条第3項）という条文が設けられた。本法は当初は母子家庭の母を対象とする制度であったが，2010（平成22）年の法改正により父子家庭の父も対象とされた。

　2015（平成27）年現在の手当額（月額）は，児童1人の場合全部支給4万2,000円，一部支給4万1,990円から9,910円まで，児童2人目の加算額は5,000円，3人目以降の加算額は1人につき3,000円である。所得制限が設けられており，限度額は，全部支給の場合受給者の前年の年収130万円（2人世帯），一部支給の場合365万円（2人世帯）である。[(2)]

2）特別児童扶養手当等の支給に関する法律（1964〔昭和39〕年制定）

　この法律は「精神又は身体に障害を有する児童について特別児童扶養手当を支給し，精神又は身体に重度の障害を有する児童に障害児福祉手当を支給するとともに，精神又は身体に著しく重度の障害を有する者に特別障害者手当を支給することにより，これらの者の福祉の増進を図ること」（第1条）を目的としている。第2条で「障害児」「重度障害児」「特別障害者」等の用語の定義を示した後，特別児童扶養手当，障害児福祉手当，特別障害者手当それぞれの支給要件，手当額等について規定している。

　特別児童扶養手当は「20歳未満で精神または身体に中程度以上の障害を有する児童を家庭で監護，養育している父母またはその他の者」を対象に，2015（平成27）年度現在，1級で月額5万1,100円，2級で月額3万4,030円の手当を支給するものである。所得制限は受給資格者（4人世帯）の場合収入額770万7,000円，扶養義務者（6人世帯）の場合は収入額954万2,000円である。障害児福祉手当では「精神または身体に重度の障害を有するため日常生活において常

時特別の介護を必要とする状態にある在宅の20歳未満の者」を対象に，2015（平成27）年度現在，月額1万4,180円の手当が支給されている。特別障害者手当は「精神または身体に重度の障害を有するため日常生活において常時特別の介護を必要とする状態にある在宅の20歳以上の者」を対象に，2015（平成27）年度現在，月額2万6,620円の手当が支給されている。障害児福祉手当，特別障害者手当の所得制限は，受給資格者（2人世帯）の場合，収入額565万6,000円，扶養義務者（6人世帯）の場合は収入額954万2,000円とされている。[3]

3）児童手当法（1971〔昭和46〕年制定）

　この法律は「父母その他の保護者が子育てについての第一義的責任を有するという基本的認識の下に，児童を養育している者に児童手当を支給することにより，家庭等における生活の安定に寄与するとともに，次代の社会を担う児童の健やかな成長に資すること」（第1条）を目的とし，児童手当の支給要件，児童手当の額等について定めている。制度発足当初は，一定の所得以下で3人以上の子どもを養育している多子世帯を対象に，義務教育終了前の第3子以降の児童について支給されたが，その後改正を重ね，1992（平成4）年には支給範囲は第1子からに拡大された。対象となる子どもの年齢，所得制限もじょじょに引き上げられ，支給対象の拡大が図られた。政権交代により2010（平成22）年4月から，児童手当から子ども手当法にもとづく子ども手当に制度が移行したが，児童手当法は廃止されず，2010（平成22）年度の子ども手当は，その一部を児童手当法にもとづく児童手当を支給する仕組みとして支給された。その後2012（平成24）年3月に子ども手当法は廃止となり，2012（平成24）年度より所得制限を設けた新たな児童手当が実施されている。2015（平成27）年現在，支給対象となる児童は0歳から中学校修了（15歳に到達後の最初の年度末まで）の児童であり，所得制限（たとえば夫婦と児童2人世帯の場合は年収960万円）未満の場合，3歳未満児は一律月額1万5,000円，3歳以上小学校修了前（第1子・第2子）は月額1万円，3歳以上小学校修了前（第3子以降）は月額1万5,000円，中学生は月額1万円が支給されている。当分の間の特例給付として所得制限以上の世帯の児童には一律月額5,000円が支給されている。[4]

第2節　児童家庭福祉行政と実施機関

（1）児童家庭福祉の行政とその役割

　児童福祉法第2条（児童育成の責任）において「国及び地方公共団体は，児童の保護者とともに，児童を心身ともに健やかに育成する責任を負う」と規定されている。国とは主として厚生労働省が管轄であり，地方公共団体とは都道府県や政令指定都市，市町村を指している。

　厚生労働省は，2001（平成13）年に省庁の再編により厚生省と労働省が統合され，現在の厚生労働省となった。厚生労働省の組織は図4-1のようになっており，児童や児童の家庭，児童福祉施設などの掌握業務を担うのは，雇用均等・児童家庭局である。また障害児の福祉などについては，社会・援護局が担っている。

　雇用均等・児童家庭局の掌握業務はその名称のとおり，男女の均等な労働や育児・介護をしながらの労働に関すること，児童および児童の家庭における福祉などについてである。その掌握業務のなかで，児童家庭福祉行政に関する業務内容は以下のとおりである。[5]

①児童の心身の育成や発達に関すること
②児童の保育や養護，虐待の防止に関すること
③児童の福祉のための文化の向上に関すること
④児童や児童のいる家庭，妊産婦その他母性の福祉の増進に関すること
⑤福祉に欠ける母子，父子や寡婦の福祉の増進に関すること
⑥児童の保健の向上に関すること
⑦妊産婦その他母性の保健の向上に関すること
⑧児童と妊産婦栄養の改善に関すること
⑨児童や妊産婦の治療方法が確立していない疾病や特殊な疾病の予防と治療に関すること

第 4 章 児童家庭福祉の制度

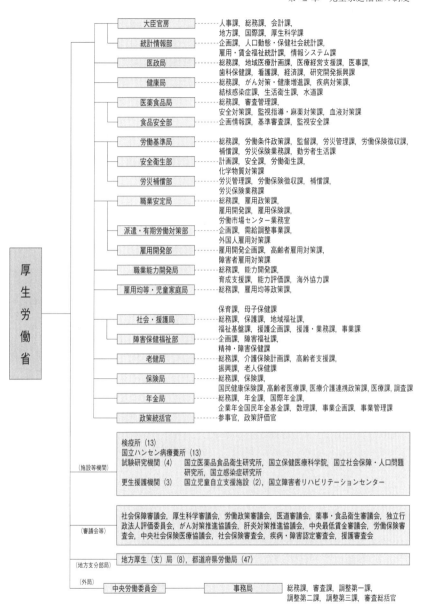

図 4-1　厚生労働省の組織図

出所:『厚生労働白書 平成27年版』285頁。

厚生労働省には，厚生労働大臣の諮問機関として社会保障審議会が設けられている（図4-1参照）。その社会保障審議会において，厚生労働省が管轄する業務内容について話しあいが行われている。なかでも児童家庭福祉行政に関する雇用均等・児童家庭局が執り行う前記①～⑨の業務内容については，社会保障審議会のなかの児童部会が担っている。そこで現行の政策や制度，新たな課題などの検討課題に応じてさらに委員会が設置され，話しあいが行われている。そして都道府県は児童福祉審議会等の機関を置くこととされ，社会保障審議会と連携を図ることも規定されている（児童福祉法第8条）。

　児童家庭福祉行政に関する市町村や都道府県の児童や妊産婦に対しての責務については，児童福祉法第10条（市町村の義務），第11条（都道府県の義務）にそれぞれ規定されている。保護を必要とする児童等の支援については，地方公共団体として単独あるいは共同して要保護児童対策地域協議会を置くように努めなければならないとされている（児童福祉法第25条の2）。

　障害児の福祉については，もともとは旧厚生省児童家庭局の業務であった。しかし現在は社会・援護局にその業務は移管され，障害者の福祉とともに社会

コラム 1

同じ児童なのに？――管轄局のちがいによる矛盾

　厚生労働省の「社会的養護の現状について（参考資料）平成27年8月」[6]では「社会的養護」を必要とする児童数は約4万6,000人となっている。その社会的養護を必要とする児童等が利用する施設は，乳児院，児童養護施設，情緒障害児短期治療施設，児童自立支援施設，母子生活支援施設とされ，障害児入所施設はふくまれていない。そのため障害児入所施設を利用する児童は，先の社会的養護を必要とする児童数にはふくまれていない。なぜならば障害児の福祉は障害者の福祉と一元化され，障害児入所施設は福祉サービスの提供施設となっているからである。

　しかし障害児入所施設を利用する障害児のなかには，虐待を受けて保護された障害児や虐待を受けたことで障害児となった児童がいる。

　社会的養護の施設は保護・養育として児童家庭福祉行政，障害児入所施設は福祉サービスとして障害福祉行政というのは，児童福祉法に規定される児童を対象とするにもかかわらず矛盾があるといえる。

出所：筆者作成。

保障審議会の障害者部会のなかで話しあいが行われている。これにより障害児の福祉は障害者福祉行政の一環となり，児童福祉法に規定される児童であるが，管轄局のちがいによりその行政に矛盾が生じている。

(2) 児童家庭福祉の財政の仕組み

児童福祉法第4章（費用）では，児童家庭福祉に関するさまざまな事業において国や地方公共団体がその事業に関する費用を支払う（支弁する）ことが定められている。児童家庭福祉の財政は，その多くが税金によって賄われているが，保育所などの児童福祉施設は，その利用者または扶養義務者からの負担金（費用の徴収）も財政の一部となっている。この費用の徴収については児童福祉法第56条に規定され，市町村あるいは都道府県は，利用者または扶養義務者の負担能力に応じて費用の全部または一部を徴収できることになっている。

表4-4は国や地方公共団体が児童家庭福祉行政機関や児童福祉施設等に支払う（支弁する）費用負担の割合についてまとめたものである。

それでは表4-4に用いられている用語を簡単に整理していく。

「措置費」（保護費ともいう）とは乳児院，児童養護施設などを運営するために国や地方公共団体が支弁する費用（施設の収入）のことである。この費用は入所児童1人当たりの月額で支弁され，これを「保護単価」という。この保護単価は，施設の入所定員数や施設が所在する地域，入所している児童の年齢により，その単価は異なる。措置費は「事務費」と「事業費」に分けられる。事務費とは，職員に支払われる費用（人件費）やその他に施設を運営するために必要な諸経費（光熱水費や修繕費などの支出）のことである。事業費とは，乳児院や児童養護施設などに入所した児童の生活に直接必要とする諸経費（被服費や食費などの支出）のことである。

保育所は「保育所運営費」，児童1人当たりの運営費の月額の費用を「保育単価」という。先の保護単価と同様に，入所数，地域，年齢等により保育単価は異なる。

障害児施設（入所・通所）については，2006（平成18）年4月から段階的に障

表4-4 国や地方公共団体が児童福祉行政機関や児童福祉施設等に支払う費用負担の割合

経費の種別	措置等主体の区分	児童等の入所先等の区分	支弁の負担区分 国	支弁の負担区分 都道府県[1]	支弁の負担区分 市町村
市町村児童福祉審議会に要する費用	市町村				10/10
都道府県児童福祉審議会	都道府県			10/10	
児童福祉司および児童委員に要する費用	都道府県			10/10	
児童相談所に要する費用（設備等除く）	都道府県			10/10	
保育所，幼保連携型認定こども園の運営費	市町村	市町村立施設			10/10
保育所，幼保連携型認定こども園の運営費	市町村	私立施設	1/2	1/4[2]	1/4
母子生活支援施設および助産施設の措置費等	市および福祉事務所を管理する町村	市町村立施設および私立施設	1/2	1/4	1/4
母子生活支援施設および助産施設の措置費等	市および福祉事務所を管理する町村	都道府県立施設	1/2	1/2	
母子生活支援施設および助産施設の措置費等	都道府県，指定都市，中核市	都道府県立施設，市町村立施設および私立施設	1/2	1/2	
その他の施設の措置費	都道府県，指定都市，児童相談所設置市	都道府県立施設，市町村立施設および私立施設	1/2	1/2	
里親の措置費	都道府県，指定都市，児童相談所設置市	都道府県立施設，市町村立施設および私立施設	1/2	1/2	
一時保護所の措置費	都道府県，指定都市，児童相談所設置市	児童相談所（一時保護施設）	1/2	1/2	
障害児入所施設（措置費）	都道府県，指定都市，児童相談所設置市	都道府県立施設，市町村立施設および私立施設	1/2	1/2	
障害児入所施設（給付費）	都道府県，指定都市，児童相談所設置市	都道府県立施設，市町村立施設および私立施設	1/2	1/2	
障害児通所給付費	指定都市，児童相談所設置市および市町村	都道府県立施設，市町村立施設および私立施設	1/2	1/4	1/4
障害児相談支援給付費	指定都市，児童相談所設置市および市町村	都道府県立施設，市町村立施設および私立施設	1/2	1/4	1/4

注：(1)都道府県には指定都市，児童相談所設置市をふくむ。
　　(2)指定都市・中核市は除く。
出所：「『児童福祉法による児童入所施設措置費等国庫負担金について』の一部改正について（2014年5月14日）」，「障害児入所給付費等国庫負担金及び障害児入所医療費等国庫負担金について（2015年2月16日）」『厚生労働白書 平成27年版』199頁をもとに筆者作成。

害者自立支援法が適用（2012〔平成24〕年からは障害者総合支援法）され，従来の「措置制度」から利用者（または扶養義務者）と施設が直接契約をして施設を利用する「契約制度」へと変更になった。しかし虐待での入所や扶養義務者の所在不明などで利用者（または扶養義務者）と直接契約を結べない場合は，従来の措置制度が適用され，障害児入所施設には，措置制度または契約制度のいずれかで利用する児童が入所している状況である。そのため措置制度が適用されて入所する児童には措置費が支弁され，契約制度が適用されて入所する児童には給付費が支弁されている。

（3）児童家庭福祉行政の実施機関

児童家庭福祉行政を具体的に実施する機関として，児童相談所，福祉事務所，保健所，児童委員，児童家庭支援センターを挙げることができる。各機関についての具体的な業務等は以下のとおりである。

①児童相談所（児童福祉法第12条）

児童や妊産婦の福祉については，第一義的な相談機関として市町村が児童家庭相談としてその役割を担っているが，市町村と連携し，より専門的な支援を行うのが児童相談所である。

都道府県（指定都市をふくむ）には児童相談所の設置が義務づけられており，2015（平成27）年4月1日現在で全国に208か所設置されている。[7] その運営は「児童相談所運営指針」にもとづき，「相談援助活動」を主たる目的としている。相談援助活動とは児童相談所運営指針において「市町村と適切な役割分担・連携を図りつつ，子どもに関する家庭その他からの相談に応じ，子どもが有する問題又は子どもの真のニーズ，子どもの置かれた環境の状況等を的確に捉え，個々の子どもや家庭に最も効果的な援助を行い，もって子どもの福祉を図るとともに，その権利を擁護すること」となっている。[8]

児童相談所の機能は，次の4つである。[9]

「市町村援助機能」……市町村による児童家庭相談への対応について，市町村相互間の連絡調整，市町村に対する情報の提供その他必要な援助を行う機能。

「相談機能」……子どもに関する家庭その他からの相談のうち，専門的な知識および技術を必要とするものについて，必要に応じて子どもの家庭，地域状況，生活歴や発達，性格，行動等について専門的な角度から総合的に調査，診断，判定（総合診断）し，それにもとづいて援助指針を定め，自らまたは関係機関等を活用し一貫した子どもの援助を行う機能。

「一時保護機能」……必要に応じて子どもを家庭から離して一時保護する機能。

「措置機能」……子どもまたはその保護者を児童福祉司，児童委員（主任児童委員をふくむ），児童家庭支援センター等に指導させ，または子どもを児童福祉施設若しくは指定医療機関に入所若しくは委託させ，または小規模住居型児童養育事業を行う者若しくは里親に委託する等の機能。

これら4つの機能はいずれも児童福祉法に規定されており，「相談機能」における受付相談の種類と内容は表4-5となり多岐にわたっている。[10]

「一時保護機能」については児童福祉法第12条の4に規定され，必要に応じ一時保護施設を設けることが義務づけられている。一時保護施設（一時保護所）は先に述べた全国に208か所ある児童相談所のなかで135か所となっている（2015〔平成27〕年4月1日現在）。[11]

2000（平成12）年に「児童虐待の防止等に関する法律（児童虐待防止法）」が施行されたが，現状として児童虐待は抑制されていない。児童虐待防止法では，虐待を受けたと思われる児童を発見した際は，福祉事務所や児童相談所等に通告することが義務づけられている。この通告が迅速に行われるように，全国の児童相談所の共通ダイヤルとして「189（いち・はや・く）」が2015（平成27）年7月から設けられるようになった。児童相談所ではこの通告があった場合，48時間以内に児童の安全確認を行うこととされている。図4-2は2013（平成25）年度に児童相談所が児童虐待相談について対応した件数とその相談経路をまとめたものである。総数7万3,802件のうち「警察等」からの通告が2万1,223件ともっとも多く，次いで「近隣・知人」が1万3,866件となっている。この相談経路のなかには「家族」があり，なかでも虐待をしている父または母からの

第 4 章　児童家庭福祉の制度

表 4 - 5　児童相談所の受付相談の種類と主な内容

分類	種類	主な内容
養護相談	1. 養護相談	父又は母等保護者の家出，失踪，死亡，離婚，入院，稼動及び服役等による養育困難児，棄児，迷子，虐待を受けた子ども，親権を喪失した親の子，後見人を持たぬ児童等環境的問題を有する子ども，養子縁組に関する相談。
保健相談	2. 保健相談	未熟児，虚弱児，内部機能障害，小児喘息，その他の疾患（精神疾患を含む）等を有する子どもに関する相談。
障害相談	3. 肢体不自由相談	肢体不自由児，運動発達の遅れに関する相談。
	4. 視聴覚障害相談	盲（弱視を含む），ろう（難聴を含む）等視聴覚障害児に関する相談。
	5. 言語発達障害等相談	構音障害，吃音，失語等音声や言語の機能障害をもつ子ども，言語発達遅滞，学習障害や注意欠陥多動性障害等発達障害を有する子ども等に関する相談。ことばの遅れの原因が知的障害，自閉症，しつけ上の問題等他の相談種別に分類される場合はそれぞれのところに入れる。
	6. 重症心身障害相談	重症心身障害児（者）に関する相談。
	7. 知的障害相談	知的障害児に関する相談。
	8. 自閉症等相談	自閉症若しくは自閉症同様の症状を呈する子どもに関する相談。
非行相談	9. ぐ犯等相談	虚言癖，浪費癖，家出，浮浪，乱暴，性的逸脱等のぐ行為若しくは飲酒，喫煙等の問題行動のある子ども，警察署からぐ犯少年として通告のあった子ども，又は触法行為があったと思料されても警察署から法第25条による通告のない子どもに関する相談。
	10. 触法行為等相談	触法行為があったとして警察署から児童福祉法第25条による通告のあった子ども，犯罪少年に関して家庭裁判所から送致のあった子どもに関する相談。受け付けた時には通告がなくとも調査の結果，通告が予定されている子どもに関する相談についてもこれに該当する。
育成相談	11. 性格行動相談	子どもの人格の発達上問題となる反抗，友達と遊べない，落ち着きがない，内気，緘黙，不活発，家庭内暴力，生活習慣の著しい逸脱等性格もしくは行動上の問題を有する子どもに関する相談。
	12. 不登校相談	学校及び幼稚園並びに保育所に在籍中で，登校（園）していない状態にある子どもに関する相談。非行や精神疾患，養護問題が主である場合等にはそれぞれのところに分類する。
	13. 適性相談	進学適性，職業適性，学業不振等に関する相談。
	14. 育児・しつけ相談	家庭内における幼児のしつけ，子どもの性教育，遊び等に関する相談。
	15. その他の相談	1～14のいずれにも該当しない相談。

出所：厚生省児童家庭局長「児童相談所運営指針について（2013年12月27日）」表 - 2 をもとに筆者作成（http://www.whlw.go.jp/bunya/kodomo/pdf/dv120321-02.pdf，2015年10月13日閲覧）。

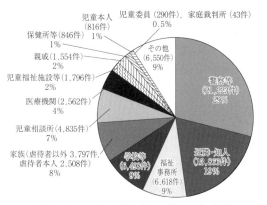

図4-2 2013年度児童虐待の相談経路（総数 73,802件）
注：「その他」の項目には，各項目の「その他」を計上した。
出所：「平成25年度　福祉行政報告例」をもとに筆者作成。

相談があることに注視する必要がある。虐待は許しがたいが，虐待をしている（してしまう）「家族」が，自らの行為に悩んでいることを忘れてはならない。したがって児童虐待を防ぐためには，家族をふくめ支援をすることが不可欠なのである。

今日においては個人や家庭の生活環境の多様性などから日常生活において乳幼児が泣いただけで通告される場合や，地域社会の希薄さなどから児童の安全確認がむずかしい場合がある。そのため児童相談所には「児童の安全確認等のための立ち入り調査」や保護された児童への「面会や通信等の制限の強化」などのさまざまな権限が与えられている。児童虐待を防ぐには，市町村や都道府県，児童福祉施設，医療機関，その他の公的機関などと連携することはもちろんだが，子育て家庭を孤立させない地域づくりや連携も大切であるといえる。

②福祉事務所（社会福祉法第14条）

都道府県と市は条例において福祉事務所の設置が義務づけられ，町村は任意設置である。その設置数は，全国で1,247か所（都道府県208，市996，町村43）となっている（2015〔平成27〕年4月1日現在）[12]。

福祉事務所の業務は，児童福祉法をはじめ，生活保護法，母子及び父子並びに寡婦福祉法，老人福祉法，身体障害者福祉法，知的障害者福祉法に定める援

護や育成，更生措置（市町村のみ）と幅広いものとなっている。福祉事務所内には家庭児童相談室が設けられ，先にも述べたが第一義的な児童や妊産婦などの相談窓口として児童家庭福祉の充実・強化が図られている。

市が設置する福祉事務所は，地域の身近な福祉の総合的な相談窓口として，生活保護の申請事務，高齢者施設や障害者施設への施設入所などに関する業務を行い，都道府県設置の福祉事務所の主たる業務は，生活保護の申請事務や母子および父子家庭に関する相談業務を行っている。

③保健所，市町村保健センター（児童福祉法第12条の6，地域保健法第3章）

保健所には都道府県型保健所と政令市型保健所があり，全国に486か所設置されている。市町村は市町村保健センターを設置することができる。保健所や市町村保健センターは妊産婦や乳幼児の保健指導，新生児の訪問指導，乳幼児の健康診査などを行い，妊産婦や乳幼児などの主として健康面からのサポートをする機関である。

児童福祉法における保健所の業務は，以下のとおりである。「児童の保健について，正しい衛生知識の普及を図ること」「児童の健康相談に応じ，又は健康診断を行い，必要に応じ，保健指導を行うこと」「身体に障害のある児童及び疾病により長期にわたり療養を必要とする児童の療育について，指導を行うこと」「児童福祉施設に対し，栄養の改善その他衛生に関し，必要な助言を与えること」。そして児童相談所との協力も業務となっている。

④児童委員（民生委員）

児童委員は民生委員法第6条，児童福祉法第16条にもとづき民生委員がその職を兼務している。児童委員は都道府県知事の推薦により，厚生労働大臣から委嘱され，市町村（特別区をふくむ）に配置される。いわば地域に密接した地域福祉活動の担い手といえる。そして児童委員のなかから厚生労働大臣により主任児童委員が指名される。児童委員は担当地域の児童および妊産婦の生活，保護，保健などに関する福祉の増進が業務である。また児童相談所や福祉事務所との協力も業務である。主任児童委員は児童委員の活動に対し援助および協力を行い，児童福祉行政機関との連絡調整役を任されている。

児童委員の歴史は古く、1917（大正6）年に岡山県に創設され、その後1937（昭和12）年に国により方面委員会が施行されたことに始まる。2013（平成25）年12月1日現在で22万9,488人が活動をしている。地区ごとに配置定数が定められているが、その配置定数が特に都市部で定数に満たしていないことが課題となっている。児童委員1人当たり都市部では220～440世帯、町村部では70～200世帯を担当しているが、その職務には報酬はなく、活動費（年間5万8,200円：2013年度）のみが支給されているのが現状である。地域のつながりが求められる社会では、児童委員の地域に根差した活動が大きな役割を果たしており、今後ますますその活動は重要であり、配置定数の整合性や人材確保について考えていかなければならないといえる。

⑤児童家庭支援センター（児童福祉法第44条の2）

1997（平成9）年の児童福祉法改正にともない創設された児童相談所を補完する機関である。設置主体は地方公共団体および社会福祉法人である。2013（平成25）年10月1日現在において全国で96か所が設置されている。その業務は「地域・家庭からの相談に応ずる事業」「市町村の求めに応ずる事業」「都道府県又は児童相談所からの受託による指導」「里親等への支援」「関係機関等との連絡・調整」の5つである。

児童家庭支援センターはもともと乳児院や児童養護施設など児童福祉施設に附置されていたが、2008（平成20）年の児童福祉法改正により地方公共団体の単独設置が可能となった。地域の児童や家庭からの相談だけでなく、保護や支援を必要とする児童やその家庭などについて、夜間や緊急時の対応などを行っていることが特徴として挙げられる。そして2010（平成22）年からは、施設を退所した者についての生活や就業などについての相談・助言体制が強化されている。

近年は家庭のあり方の多様性や血縁（親戚）との関係、地域社会の希薄さ、経済状況、個々人のライフスタイルの変化などから、子どもやその家庭を取り巻く課題は複雑化し、その抱えている課題もみえにくいものとなっている。さらに児童はもとより、個人や家庭だけでは抱えている課題の解決が、きわめて困難な場合もあるのが現状である。そのために児童家庭福祉を支える行政機関

が設置されているが，その機関に訪れることさえむずかしい児童や家庭があることも念頭に置くことが必要である。行政機関や児童福祉施設などのフォーマルな社会資源の連携・活用だけでなく，親戚，友人，近隣などのインフォーマルな社会資源，さらには子育て家庭が勤める会社や地域の商店などとの連携・活用が重要であるといえる。

コラム2

子育て家庭へのまなざし

　子育て中の知人が「子どもを叱るときは，家の窓を閉めるの。虐待と思われちゃうから」と言った。知人はファミリーを対象とした集合住宅に住んでいる。ほかの世帯も子育て中の家庭が多いという住環境であるにもかかわらず，子育てをしにくい様子がうかがえる言葉だった。

　厚生労働省「平成21年度全国家庭児童調査の概要」によると，「子育てについての不安や悩み」の質問に「子どものしつけに関すること」と答えた家庭は多く，その相談相手の順位は「家族」，次に「信頼できる身近な人」となっている。しかしわずかだが「相談相手がいない」と答えた家庭もあった。[19]

　連日のように児童虐待事件はメディアで報道され，児童虐待の通告件数は年々増加している。児童虐待の予防や防止は，児童やその家庭に関心をもつことが有効である。しかし単に関心をもつだけでなく，そこに子育て中の家庭をどのように見守れるのか，どのようにかかわれるのかという視点ももちあわせることで，子どものいる家庭がのびのびと子育てできる社会となるのではないだろうか。

出所：筆者作成。

【ポイント整理】

○ユニセフと児童の権利に関する条約

　ユニセフ（UNICEF：国連児童基金，1946年設立）は，世界中の子どもたちの命と健やかな成長のために，「子ども最優先」を掲げて，現在190以上の国と地域で活動している国連機関である。保健，栄養，水と衛生，教育，暴力や搾取からの保護，HIV／エイズ，緊急支援，アドボカシー（政策提言）などの活動を実施し，その活動資金はすべて個人や企業，団体，各国政府からの募金や任意拠出金で賄われている。ユニセフは，「児童の権利に関する条約」にも草案作成段階からかかわり，国連総会での採択ならびに各国政府による批准を促すため，全世界で広報・アドボカシー活動を行い，条約の実現に大きな役割を果たした。条約発行後は，本条約の執

行状況を確認し各国に助言を与える「子どもの権利委員会」に参加，条約に謳われている権利の実現に尽力している。

ユニセフでは，①生きる権利（防げる病気などで命を失わないこと。病気やけがをしたら治療を受けられること），②育つ権利（教育を受け，休んだり遊んだりできること。考えや信じることの自由が守られ，自分らしく育つこと），③守られる権利（あらゆる種類の虐待や搾取などから守られること。障害児や少数民族の子どもは特別に守られること），④参加する権利（自由に意見を表現したり集まってグループをつくったり，自由な活動を行ったりできること）の4つの権利を，児童の権利に関する条約の柱であるとしている。

○両罰規定とは

刑法では現に違反を行った者を処罰するのが原則であるが，その違反行為が企業活動のなかで行われた場合，たまたまその行為を担当した従業者だけを処罰しても効果的ではないことから，業務に関する違反行為の場合には直接の違反者を罰するほか，その事業主体をも罰することを認めている。この規定のことを両罰規定という。児童買春・ポルノ禁止法における両罰規定の導入には，1957（昭和32）年に施行された売春防止法では買った側を罰する規定がなかったことへの反省がふくまれている。

【振り返り問題】

1　児童家庭福祉を遂行するために，行政機関および実施機関はどのように連携をしたらよいかを話しあってみよう。

2　児童福祉施設に支弁される措置費の科目（内訳）を調べ，施設種別で比較してみよう。

〈注〉

(1)　厚生労働省「福祉行政報告例」（『国民の福祉と介護の動向 2015/2016』厚生労働統計協会各年版，2015年，100頁）および厚生労働省「平成26年度の児童相談所での児童虐待相談対応件数」より引用。
(2)　厚生労働省『国民の福祉と介護の動向 2015/2016』厚生労働統計協会，2015年，111頁。
(3)　厚生労働省『国民の福祉と介護の動向 2015/2016』厚生労働統計協会，2015年，145頁および社会福祉の動向編集委員会編『社会福祉の動向 2014』中央法規出版，2014年，216頁。
(4)　厚生労働省『国民の福祉と介護の動向 2015/2016』厚生労働統計協会，2015年，99頁。
(5)　厚生労働省「厚生労働省について」（http://www.mhlw.go.jp/kouseiroudoushou/，2015年10月13日閲覧）。

(6) 厚生労働省「社会的養護の現状について（参考資料）平成28年1月」(http://www.mhlw. go.jp/file/06-Seisakujouhou-11900000-Koyoukintoujidoukateikyoku/0000108941.pdf, 2016年2月16日閲覧)。
(7) 厚生労働省「平成27年度全国児童相談所一覧（2015年4月1日現在）」(http://www.mhlw.go.jp/bunya/kodomo/dv30/zisouichiran.html, 検索：2016年2月16日閲覧)。
(8) 厚生省児童家庭局長（雇児発1227第6号）「児童相談所運営指針について（2013年12月27日）」(http://www.mhlw.go.jp/bunya/kodomo/pdf/dv120321-02.pdf, 2015年10月13日閲覧)。
(9) 同上。
(10) 同上。
(11) 注(7)と同じ。
(12) 厚生労働省「福祉事務所」(http://www.mhlw.go.jp/stf/seisakunitsuite/bunya/hukushi_kaigo/seikatsuhogo/fukusijimusyo/, 2016年2月16日閲覧)。
(13) 全国保健所長会「保健所設置数の推移データ版（2015年4月1日現在）」(http://www.phcd.jp/03/HCsuii/pdf/suii_2015_temp04.pdf, 2016年2月16日閲覧)。
(14) 厚生省児童家庭局編『児童福祉三十年の歩み』日本児童問題調査会, 1978年, 183頁。
(15) 厚生労働省「平成25年度民生委員・児童委員の一斉改選結果について」より「民生委員・児童委員の概要について（資料3）」(http://www.mhlw.go.jp/stf/houdou/0000033867.html, 2015年10月13日閲覧)。
(16) 厚生労働省「平成25年度民生委員・児童委員の一斉改選結果について」より「民生委員・児童委員の活動状況（参考資料）」(http://www.mhlw.go.jp/stf/houdou/0000033867.html, 2015年10月13日閲覧)。
(17) 厚生労働省「平成26年社会福祉施設等調査の概況（2014年10月1日現在）」(http://www.mhlw.go.jp/toukei/saikin/hw/fukushi/14/, 2016年2月19日閲覧)。
(18) 厚生省児童家庭局長（雇児発0605第10号）「児童家庭支援センターの設置運営等について（2015年6月5日）」(http://www.mhlw.go.jp/file/06-Seisakujouhou-11900000-Koyoukintoujidoukateikyoku/0000088772.pdf, 2016年2月16日閲覧)。
(19) 厚生労働省「平成21年度全国家庭児童調査結果の概要（2009年12月1日現在）」(http://www.mhlw.go.jp/stf/houdou/2r9852000001yivt.html, 2016年2月16日閲覧)。

【文献案内】
厚生労働省『厚生労働白書 各年版』。
　——厚生労働省の掌握業務全般についての政策や動向などが整理されている。毎年発行されており, 各年版により特集内容が組まれている。私たちの生活に関連する基礎データなども掲載されており, 児童家庭福祉を広い視野で考えることができる。
『社会保障の手引き 各年版』中央法規出版。
　——社会保障制度全般についての法令や通知などが解説されている。児童家庭福祉に必要とされる財政（保育単価や措置単価など）についても掲載されており, 児童福祉施設運営の財政基礎がわかるものとなっている。

（第1節　五十嵐裕子, 第2節　瓜巣由紀子）

第5章
児童家庭福祉の実施体系

本章のポイント

　近年，家庭や社会の状況が複雑化するなかで，児童福祉施設の状況は大きく変化しています。

　そのなかで特に注目すべきことは，家庭機能の低下により子どもに負の影響をもたらしている実態や家庭のシステム，あるいは親子関係が悪化したことにより，子どもが虐待される事態に陥る事例が多々散見されることです。

　加えて，夫婦の不和により，夫婦間の暴力行為（DV）が増加し，新聞や他のマスコミを通じて報道される機会が多くなっています（子どもにとってはDVを見ることも虐待になります）。

　これらの社会状況の変化をふまえ，本章では，児童福祉施設がおかれている状況や活動内容，課題，専門スタッフの配置等について検討します。そして，児童福祉施設の抱える課題や今後の歩むべき道について考察します。

第1節　児童福祉施設に関する概要

（1）児童福祉施設の種類

　児童福祉施設とは，社会生活上の問題を抱える児童や保護者や障害，難病（コラム1，103頁）のある児童等に対して，問題の解決や緩和を目的としてさまざまな社会福祉サービスを提供するとともに，対象となる人の福祉の増進をは

表5-1 児童福祉施設の機能別分類

	入 所 施 設	通 所 施 設	利 用 施 設
養育系施設	◎乳児院 　母子生活支援施設 ◎児童養護施設 ◎情緒障害児短期治療施設 ◎児童自立支援施設	情緒障害児短期治療施設(通) 児童自立支援施設(通)	
障害系施設	福祉型障害児入所施設 医療型障害児入所施設	福祉型発達支援センター 医療型発達支援センター (放課後等ディサービス) (保育所等訪問支援)	
養成系施設		保育所 幼保連携型認定子ども園	児童館 児童遊園
保健系施設	助産施設		
相談・助言系施設	児童家庭支援センター		児童福祉施設附置型 独立施設型

注：(通)は入所施設に加えて通所施設があるもの。
　　◎は措置施設（措置権限をもつ都道府県または指定都市および児童相談所設置市が「行政措置」と呼ばれる行政行為によって必要なサービスを提供する仕組みで運営される施設である）。
出所：山縣文治「児童福祉の実施体制」松原康雄・山縣文治編著『児童福祉論』ミネルヴァ書房，2001年，79頁，および，山縣文治編『よくわかる子ども家庭福祉 第9版』ミネルヴァ書房，2014年，105頁をもとに筆者作成。

かる施設のことをいう。

　この法律で児童福祉施設は大きく分けて「養育系施設」や「障害系施設」「養成系施設」「保健系施設」「相談・助言系施設」に分けられ（表5-1），養育，保健，訓練，自立支援等の支援の提供を通じて母親や子どもの健康，生活，経済，就労等のサポートをはかる意図をもって開設されている。

　児童福祉法第7条において，児童福祉施設は「助産施設，乳児院，母子生活支援施設，保育所，幼保連携型認定こども園，児童厚生施設，児童養護施設，

障害児入所施設（医療型・福祉型），児童発達支援センター（医療型・福祉型），情緒障害児短期治療施設，児童自立支援施設及び児童家庭支援センターとする」として，12種類の施設を規定している。

　児童福祉施設の形態は大きく分けると主に3つに分類される。1つ目は入所施設である。入所施設は，24時間を通じて施設で生活し，生活支援や養育，治療，学習指導，生活訓練，自活訓練（リービングケア），就労支援等のサービスを受けることが基本となっている。2つ目は通所施設である。通所施設は1日の生活のなかの一定時間限定（通常は9時から17時）で，通所施設において利用者が日常生活における基本的動作や知識・技能を習得し，集団生活や社会生活に適応するために必要な指導や訓練等のサービスを提供している。3つ目は利用施設である。利用施設は，児童に健全な遊びを与えて，彼らの健全育成を図る目的で設置された施設であり，1日の生活のなかで一定時間利用する形態を採用し，かつサービスを提供する利用者を制度的に限定することが可能な運営を行っている。

　これらの施設は，社会福祉法第2条において，第一種社会福祉事業と第二種社会福祉事業に分けられ（表5-2），児童に関する社会福祉事業を区分している。

　ちなみに第一種社会福祉事業は，経営が適正を欠いた場合に利用者の人権や個々の利益に多大な影響を与えかねないことから，経営や運営を安定させ，かつ質の高い利用者の保護や必要な訓練等を提供する事業（主として入所施設サービス）であることが期待されている。第二種社会福祉事業は第一種社会福祉事業と比較して，事業を遂行する際に，利用者の人権や利益に関して比較的影響が小さい理由から，そして，一層の独自性や創意工夫を助長する意図から，公的規制の必要性が低い事業（主として在宅サービス）であるとされている。

　そのなかで障害児教育においては1979（昭和54）年に義務教育が実施されるようになったことから，障害児が特別支援学校に通うことが一般的となったために障害児系施設に入所する事例は激減している。

　しかし，その一方で家族関係の希薄化やコミュニケーションの不足，不登校児の増加，高校退学者の増加，少年非行の劣悪化，離婚家庭の増加，家庭経済

第 5 章　児童家庭福祉の実施体系

表 5-2　児童領域の第一種社会福祉事業・第二種社会福祉事業（法制度ごと）

第一種社会福祉事業
・児童福祉法下の，①乳児院，②母子生活支援施設，③児童養護施設，④障害児入所施設，⑤情緒障害児短期治療施設，⑥児童自立支援施設 ・障害者総合支援法下の，①障害者支援施設
第二種社会福祉事業
・児童福祉法下の，①障害児通所支援事業，②障害児相談支援事業，③児童自立生活援助事業，④放課後児童健全育成事業，⑤子育て短期支援事業，⑥乳児家庭全戸訪問事業，⑦養育支援訪問事業，⑧地域子育て支援拠点事業，⑨一時預かり事業，⑩小規模住居型児童養育事業，⑪小規模保育事業，⑫病児保育事業，⑬子育て援助活動支援事業，⑭助産施設，⑮保育所，⑯児童厚生施設，⑰児童家庭支援センター，⑱児童の福祉の増進について相談に応じる事業や幼保連携型認定こども園 ・母子及び父子並びに寡婦福祉法下の，①母子家庭日常生活支援事業，②父子家庭日常生活支援事業，③寡婦日常生活支援事業，③母子・父子福祉施設等 ・障害者総合支援法下の，①障害福祉サービス事業（居宅介護，重度訪問介護，同行援護，行動援護，療養介護，生活介護，短期入所，重度障害者等包括支援，共同生活介護，自立訓練，就労移行支援，就労継続支援，共同生活援助，多機能型，一体型指定共同生活介護事業所等，特定基準該当障害福祉サービス），②一般相談支援事業，③特定相談支援事業，④移動支援事業，⑤地域活動支援センター，⑥福祉ホーム

出所：厚生労働省 HP「第 1 回社会福祉法人の在り方等に関する検討会資料」「社会福祉法人の現状」2013 年 9 月 27 日（http://www.mhlw.go.jp/stf/shingi/0000024658.html，2016 年 2 月 15 日閲覧）をもとに筆者作成。

の悪化，養育拒否や虐待される乳幼児・児童の増加，父母の精神疾患の増加，父母の未婚の増加，父母の未・非就労等の要因などを背景に家庭が破綻したりゆらいだりする危険性が増したことから，養護系施設への期待は膨らむ傾向にある。

コラム 1

障害者総合支援法と難病指定

　2014（平成 26）年 5 月に，「難病の患者に対する医療等に関する法律案」が可決成立し，難病対策が法制化され，障害福祉サービスについては 2015（平成 27）年 1 月から障害者総合支援法が適用された。指定された難病は急性網膜壊死や薬剤性過敏症症候群，遺伝性難聴等 130 種類（平成 27 年 7 月 1 日からは 332 に拡大された）の病気である。また，障害者総合支援法下の難病の指定を受けるには，要件として「治療方法が未確立」「長期の療養が必要」「客観的な診断基準がある」などの条件を満たす必要があるとされている。

出所：厚生労働省社会・援護局障害保健福祉部「障害者総合支援法における障害支援区分 難病患者等に対する認定マニュアル」2015（平成27）9月をもとに筆者作成。

（2）児童福祉施設の設置

　児童福祉施設の設置は児童福祉法第35条によって規定されている。そのなかで，国や都道府県，市町村，およびそれら以外の者によって行われることを明示している。

　現在，国が設置している児童福祉施設は，児童自立支援施設の国立武蔵野学院と国立きぬ川学院の2か所である。また障害児施設では福祉型障害児入所施設の国立障害者リハビリテーションセンター・自立支援局・秩父学園の1か所である。

　児童福祉法施行令第36条において，都道府県には児童自立支援施設の設置を義務づけており，すべての都道府県にはかならず1か所以上の児童自立支援施設が設置されることになっている。一方同法施行令第37条において，国，都道府県または市町村の設置する児童養護施設や障害者入所施設等の児童福祉施設（幼保連携型認定こども園をのぞく。以下この条および次条において同じ）および児童福祉施設の職員の養成施設は児童福祉法第49条の規定により，それぞれ厚生労働大臣，都道府県知事または市町村長が，これを管理することとしている。

　その他，都道府県，市町村以外の者（民間：社会福祉法人・株式会社等）は，都道府県知事の認可を得て，すべての種別の児童福祉施設を設置することができる。ただし，一法人が2つ以上の都道府県にまたがる施設を開設する場合は厚生労働大臣の認可が必要となる。

（3）児童福祉施設の設置目的

　それぞれの児童福祉施設（認可施設）は個々に根拠法があり，それぞれの法律の下で設置されている。児童福祉法では子ども・子育て支援法による新制度においては「幼保連携型認定子ども園」が児童福祉施設に加わり，12種類の「児童福祉施設」を定めている。児童福祉施設は根拠法にもとづいてそれぞれ

第5章　児童家庭福祉の実施体系

表5-3　児童福祉施設の設置目的

〈保健系施設〉

施設名（児童福祉法の根拠法）	利 用 対 象 者	支援・養育・療育の内容
助産施設（第36条）	保健上問題がある。あるいは経済的理由で入院助産を受けることができない任産婦等を対象とする。	入所させて助産を受けさせる。

〈養育系施設〉

施設名（児童福祉法の根拠法）	利 用 対 象 者	支援・養育・療育の内容
乳児院（第37条）	おおむね0歳～2歳までの乳幼児を対象とする。就学前まで延長が可能である。	入所させて養育し，心身の発達を促進し，退院時については相談その他の援助を行う。
母子生活支援施設（第38条）	配偶者のない女子，またはこれに準ずる事情にある女子とその監護（養育）すべき児童を対象とする。	入所させて保護するとともに，自立の促進のために生活を支援し，あわせて退所者の相談その他の援助を行う。
児童養護施設（第41条）	保護者のない児童，虐待されている児童，その他環境上養護を要する児童（特に必要にある場合以外の乳児を除く）を対象とする。	入所させて養護し，あわせて退所した者に対する相談その他の自立のための援助を行う
情緒障害児短期治療施設（第43条2）	軽度の情緒障害を有する児童を対象とする。	短期間，入所させ，または保護者の下から通わせて，情緒障害を治療し，あわせて退所した者について相談その他の援助を行う。
児童自立支援施設（第44条）	不良行為をなし，またはなすおそれのある児童および家庭環境上の理由により生活指導等を要する児童を対象とする。	入所させ，または保護者の下から通わせて，個々の児童の状況に応じて必要な指導を行い，自立を支援し，あわせて退所した者について相談その他の援助を行う。

〈障害系施設〉

施設名（児童福祉法の根拠法）	利 用 対 象 者	支援・養育・療育の内容
障害児入所施設（第42条） •福祉型障害児入所施設	障害児童	•入所させて，保護，日常生活

・医療型障害児入所施設 （医療法下の病院でもある）	障害児童	の指導および独立自活に必要な知識技能を与え，治療を行う。 ・医療型施設なので治療を重視している。
児童発達支援センター （第43条） ・福祉型児童発達支援センター ・医療型児童発達支援センター （医療法下の病院でもある）	障害児童 障害児童	・日々保護者の下から通わせて，日常生活における指導，独立自活に必要な知識技能を与え，集団生活への適応のための訓練および治療を行う。 ・医療型施設なので治療を重視している。

〈養成系〉

保育所（第39条）	保育を必要とする乳児・幼児を対象とする。	日々保護者の下から通わせて保育を行う。
幼保連携型認定こども園 （第39条2）	・満3歳以上の幼児 ・保育を必要とする乳児・幼児	幼児に対する保育と教育を必要とする乳児・幼児に対する保育を一体的に行う。
児童厚生施設（第40条）	児　童	健全な遊びを与えて，健康を増進し，情操を豊かにする（児童館・児童遊園等）。

〈相談・助言系〉

児童家庭支援センター （第44条の2）	地域の家庭その他	地域児童の福祉に関する問題につき相談に応じ助言を行う。児童相談所や都道府県の委託を受けて要保護児童への指導を行う（児童福祉法第26条，第27条）。児童相談所，児童福祉施設等との連絡調整その他の援助を総合的に行う。

出所：松本園子・堀口美智子・森和子『子ども家庭の福祉を学ぶ』ななみ書房，2013年，88頁をもとに筆者作成。

が施設を設置する明確な目的をもっている。表5-3では児童福祉施設を類型ごとに分けて，それぞれの施設の目的や支援，養育，療育の内容を示している。

この表中の利用対象者や年齢，その他の条件については児童福祉法において規定されている。また，乳児（満1歳に満たない者），幼児（満1歳から小学校就学の始期に達するまでの者），少年（小学校就学の始期から満18歳に達するまでの者），助産，養育，養護，保育，支援等の基本的な用語については理解しておく必要がある。加えて児童福祉施設の内容についても，表5-3に示しているが，表のなかに書ききれていない部分も多いので，他の参考文献（社会的養護関連）や資料等を活用すると理解しやすい。

また入所施設か，通所施設かによって用語が使い分けられているので丁寧な理解が求められる。たとえば，入所施設であれば利用者を「入所させて」（乳児院や児童養護施設等）という表現をしているが，通所施設では「保護者の下から通わせて」（保育所や児童発達支援センター等）という言葉を使用している。また，児童自立支援施設（児童福祉法第44条）は入所・通所の2つのサービスが準備されているので正しい理解が求められる。

そして，児童の遊びを指導する者を配置してだれでも必要なときに利用できる施設もある（児童厚生施設の領域に入る児童館や大型児童遊園等）ことを把握していていただきたい。

（4）児童福祉施設の設備及び運営に関する基準

児童福祉法第45条では，「都道府県は児童福祉施設の設備及び運営について条例で基準を定めなければならない」としている。その基準は「児童の身体的，精神的及び社会的な発達のために必要な生活水準を確保するものでなければならない」と規定している。

また，これまで「児童福祉施設最低基準」に定められていた児童福祉施設の運営は2011（平成23）年に公布された地域主権一括法を受け，児童福祉施設最低基準が改正され，2012（平成24）年4月施行の児童福祉法改正により，「児童福祉施設の設備及び運営に関する基準」が示され，児童福祉施設の設備と運営

の基準は都道府県ごとに定められることとなった。これは地方自治を重視し、地方の実情に相応する児童福祉を実施するために国による義務づけや枠づけの見直し等を図るなかで、「地域の自主性及び自立性を高めるための改革の推進を図るための関係法律の整備に関する法律」（2011〔平成23〕年法律第37号）施行の際に改定されたものである。

しかし、児童福祉施設最低基準の改正は、それぞれの都道府県が自由自在に基準を定めるということを意味しているわけではない。国（厚生労働省）は「児童福祉施設の設備及び運営に関する基準」を規定している。この改正にともない、「児童福祉施設最低基準」が「児童福祉施設の設備及び運営に関する基準」（以下、「設備運営基準」）に名称変更されるとともに、都道府県等が条例を定めるにあたって「従うべき基準」と「参酌すべき基準」が定められた。加えて、条例化の基準を以下のとおりに行う必要があるとしている。

1）従うべき基準

この基準は条例の内容を直接的に拘束する、かならず適合しなければならない基準である。以下の3つに該当するものは、当該基準の範囲内で、地域の実情に応じた内容を条例で定めることができる。しかし、この基準を下回る内容を定めることはできない。

①児童福祉施設に配置する従業者及びその員数。
②児童福祉施設に係る居室及び病室の床面積その他児童福祉施設の設備に関する事項であって、児童の健全な発達に密接に関連するものとして厚生労働省令で定めるもの。
③児童福祉施設の運営に関する事項であって、児童（助産施設にあっては妊産婦）の適切な処遇（支援）の確保及び秘密の保持、妊産婦の安全の確保並びに児童の健全な発達に密接に関連するものとして厚生労働省令で定めるもの。

この3項目に相応するものであり、設備運営基準以上でなければならないことが明確に規定されている。

2）参酌すべき基準

都道府県等が十分参酌した結果であれば，地域の実情に応じて，当該基準と異なる内容を条例で定めることができるもので，「従うべき基準」に該当しないものであるとされ，自治体ごとに児童福祉施設関係団体や児童施設する保護者等の意見を参酌したり当該自治体の実情にあわせたりしながら，独自の基準を設定してもよいことになった（平成23年厚生労働省令第63号）。

第2節　児童家庭福祉の専門職

（1）児童福祉施設の職員

児童福祉施設で働く職員の専門職は職場や目的によって異なる。その専門職を大きく分けると，4つの領域に分けることができる。

1）子どもや保護者，家族の相談援助にあたる職員

子どもや保護者，家族の相談援助にあたる職員の職種としては，児童養護施設，母子生活支援施設，障害児施設等で生活する子どもたちの心身の健やかな成長とその自立を支援する児童指導員や，母子生活支援施設に配置され，母子の自立促進や親子の関係の再構築等を目的として，個々の母の就労，児童の養育等に関する相談，助言，福祉事務所や児童家庭支援センター，公共職業安定所，学校，児童相談所等の関係機関との連携を行いながら支援する母子支援員がある。

加えて，児童自立支援専門員が配置されている。児童自立支援専門員は，さまざまな理由で入所した子どもたちとあたりまえの生活をともに過ごすことで良好な人間関係を築き，基本的な生活習慣を身につけたり，学習指導や職業指導，家庭環境の調整等を行ったり，あるいは将来的に社会的な自立を果たせるように支援することが主な役割である。そのために，学校や児童相談所等の関係機関との連絡調整は重要な仕事となる。また，個別対応職員は児童養護施設では虐待を受けた児童とかかわる職員として配置されている。活動内容は，虐待を受けた児童に他の人との関係を再び良好にするための支援や，どのように

甘えたらよいかわからないなどの愛着障害を起こしている児童や，その保護者への支援等を行っている。被虐待児童は一対一の個別の対応が必要であることから，2002（平成14）年度より定員50人以上の施設に個別対応職員を配置することになった。また，母子生活支援施設や情緒障害児短期治療施設，児童自立支援施設においても虐待を受けた児童の入所が増加していることから，2004（平成16）年度からは，これらの全施設に個別対応職員を配置することにより，虐待を受けた児童の養育や支援の質の向上を図る取り組みが行われている。

2）子どもの日常的な支援にあたる職員

児童指導員や施設保育士などが，これにあたる。児童指導員は0～18歳までの児童福祉施設で生活する子どもたちを，保護者に代わり支援，育成，指導するのが同じく主な仕事である。そのなかで児童福祉施設の種類や規模，児童指導員の配置人数，子どもたちの年齢により仕事内容は多少異なるが，一般的には子どもたちに洗面，食事，衣服の着脱，排せつ等の生活習慣を身につけさせるためのしつけや，スポーツ等のグループ活動をとおして社会のルールやマナーを学ばせるための指導や支援を行う。また，これらを実行するための指導・育成計画の企画立案や施設内の調整，保護者，学校，児童相談所との連絡業務等も大事な仕事のひとつである。そして，施設保育士とは児童福祉施設で働く保育士のことを意味する。児童福祉施設は12種類に分かれているが，いずれの施設においても，子どもや保護者の生活支援や自立支援を遂行することを業務としている。なお，児童自立支援施設においては，児童生活支援員がその役割を担っている。

3）子どもや保護者の心身のケアにあたる職員

子どもや保護者の心身のケアに当たる職員としては，①家庭支援専門相談員や，②心理療法担当職員，③里親支援専門相談員などが挙げられる。

①家庭支援専門相談員

家庭支援専門相談員は，虐待等の家庭環境上の理由により入所している児童の保護者等に対し，児童相談所との密接な連携をもとにして電話や面接などにより，児童の早期家庭復帰，里親委託等を可能とするための相談援助等の支援

を行う役割を担っている。家庭支援専門相談員を配置する施設は，児童養護施設，乳児院，情緒障害児短期治療施設および児童自立支援施設である。

②心理療法担当職員

虐待等による心的外傷などのため心理療法を必要とする児童等に，遊戯療法，カウンセリングなどの心理療法を実施し，安心感や安全感の再形成および人間関係の修正等を行う。

なお，心理療法担当職員を配置施設は以下のとおりである。

ア．児童養護施設および児童自立支援施設で，心理療法を行う必要があると認められる児童10人以上に心理療法を行う施設。

イ．乳児院で心理療法を行う必要があると認められる乳幼児，またはその保護者10人以上に心理療法を行う施設。

ウ．母子生活支援施設で心理療法を行う必要があると認められる母，または子10人以上に心理療法を行う施設。

③里親支援専門相談員

ア．里親支援専門相談員

里親支援専門相談員は児童相談所の里親担当職員，里親委託等推進員，里親会などと連携して，(a) 所属施設の入所児童の里親委託の推進，(b) 退所児童のアフターケアとしての里親支援，(c) 所属施設からの退所児童以外をふくめた地域支援としての里親支援を行う。

イ．里親支援専門相談員の配置施設

里親支援専門相談員を配置する施設は，里親支援を行う児童養護施設および乳児院とする。

以上の職種の他に医師や看護師，栄養士等が配置されている。

4）子どもの職業指導にあたる職員

職業指導員は児童養護施設や児童自立支援施設などに配置され，それぞれの児童に向いた仕事や希望される仕事等から仕事を選定し，パソコン業務や木工作業，園芸，陶芸，縫製作業等から，児童の能力が発揮できるよう環境を整え，職業訓練の支援計画の作成や実際の指導方法等を決めて，児童と一緒に仕事や

活動をしながら技術指導や彼らの心理サポートなどを行う。

（2）児童福祉施設で働く職員の主な資格要件
　児童指導員等の資格は，児童福祉施設の設備及び運営に関する基準（以下，同基準）により規定されている。これらはいずれも任用資格である。
　1）児童指導員の資格要件（同基準第43条）
　児童指導員の資格は，都道府県知事の指定する児童福祉施設の職員を養成する学校その他の養成施設を卒業した者，社会福祉士の資格を有する者，精神保健福祉士の資格を有する者，大学の学部で，社会福祉学，心理学，教育学，社会学を専修する学科等を卒業した者，高等学校若しくは中等学校を卒業した者で2年以上児童福祉事業に従事した者と規定されている。
　2）母子支援員資格要件（同基準第28条）
　母子支援員資格は，都道府県知事の指定する児童福祉施設の職員を養成する学校その他の養成施設を卒業した者，保育士の資格を有する者，社会福祉士の資格を有する者，精神保健福祉士の資格を有する者と規定されている。
　3）児童自立支援専門員資格要件（同基準第82条）
　児童自立支援専門員になるためには，児童指導員任用資格が必要で，その資格は児童指導員に準じることになっている。したがって，この資格の対象者は，児童自立支援専門員養成施設の卒業者，大学で心理学，教育学，社会学のいずれかを修めて卒業し，1年以上児童自立支援事業実務を経験した者，高校等卒業者で3年以上の実務経験者，小・中・高校の教員免許所持者で1年以上の実務経験者，厚生労働大臣または都道府県知事が認定した学識経験者と規定されている。
　4）個別対応職員資格要件（家庭支援専門相談員，里親支援専門相談員，心理療法担当職員，個別対応職員，職業指導員及び医療的ケアを担当する職員の配置について〔局長通知〕）
　配置施設の規定のみで資格要件の記載がない。
　個別対応職員は，児童養護施設，乳児院，情緒障害児短期治療施設，児童自

立支援施設及び母子生活支援施設に配置する。

5）児童生活支援員資格要件（同基準第83条）

児童生活支援員資格は，①保育士の資格を有する者，②社会福祉士の資格を有する者，③3年以上児童自立支援事業に従事した者のいずれかに該当する者でなければならないとされている，と規定されている。

6）家庭支援専門相談員資格要件（同基準第42条第2項）（家庭支援専門相談員，里親支援専門相談員，心理療法担当職員，個別対応職員，職業指導員及び医療的ケアを担当する職員の配置について〔局長通知〕）

家庭支援専門相談員は，社会福祉士若しくは精神保健福祉士の資格を有する者，児童養護施設等において児童の養育に5年以上従事した者，あるいは児童福祉法第13条第2項各号のいずれかに該当する者（児童福祉司資格）等が任に当たることができるとしている，と規定されている。

7）心理療法担当職員資格要件（同基準第42条第4項）（家庭支援専門相談員，里親支援専門相談員，心理療法担当職員，個別対応職員，職業指導員及び医療的ケアを担当する職員の配置について〔局長通知〕）

①乳児院，児童養護施設または母子生活支援施設に配置する場合

学校教育法（昭和22年法律第26号）の規定による大学の学部で，心理学を専修する学科若しくはこれに相当する課程を修めて卒業した者であって，個人及び集団心理療法の技術を有するもの又はこれと同等以上の能力を有すると認められる者，と規定されている。

②児童自立支援施設に配置する場合

学校教育法の規定による大学の学部で，心理学を専修する学科若しくはこれに相当する課程を修めて卒業した者又は同法の規定による大学の学部で，心理学に関する科目の単位を優秀な成績で修得したことにより，同法第102条第2項の規定により大学院への入学を認められた者であって，個人及び集団心理療法の技術を有し，かつ，心理療法に関する1年以上の経験を有する者，と規定されている。

8）里親支援専門相談員資格要件（家庭支援専門相談員，里親支援専門相談員，

心理療法担当職員,個別対応職員,職業指導員及び医療的ケアを担当する職員の配置について〔局長通知〕)

里親支援専門相談の資格要件は,社会福祉士若しくは精神保健福祉士の資格を有する者,児童福祉法第13条第2項各号のいずれかに該当する者又は児童養護施設等(里親を含む)において児童の養育に5年以上従事した者であって,里親制度への理解及びソーシャルワークの視点を有するものでなければならない,と規定されている。

9)職業指導員資格要件(家庭支援専門相談員,里親支援専門相談員,心理療法担当職員,個別対応職員,職業指導員及び医療的ケアを担当する職員の配置について〔局長通知〕)

配置施設の規定のみで資格要件の記載がない。

職業指導員は実習施設を設けて職業指導を行う児童養護施設または児童自立支援施設に配置する。

コラム2

任用資格

福祉行政やその他の関連領域の職種に就くために求められる国が定めた資格基準のことである。国の定めたそれぞれの任用資格の基準を満たしていれば,有資格者として認められる。したがって短期大学や4年制の福祉系の大学を卒業すると同時に求められている単位を履修した場合,「社会福祉主事」や「児童指導員」等の任用資格が得られる場合がある。

この任用資格は,該当する職種に着任すること同時に効力をもつ資格である。

出所:中央法規出版編集部編『社会福祉用語辞典』中央法規出版,2012年をもとに筆者作成。

第3節　児童福祉施設の現状と課題

児童福祉施設は少子化にもかかわらず,現在,役割や機能の多様化が期待されている。そのため,対象児童ごとに個別支援計画を立て,一層充実した支援を提供できるよう,施設組織や運営方法の改善が求められている。また,同時

に，利用している児童と職員が愛着関係を形成しやすくするための環境整備が期待されている。このため必要な居住形態の小規模化やユニット化が懸命に進められている。

つまりノーマライゼーションの理念に沿うかたちで地域社会のなかに，一般的な家庭と変わらない設備や環境のなかで一定人数の子どもを養育する形態を採用しているグループホームやファミリーホーム等の居住形態への移行が遂行されつつある。これらの方式は表面的にみれば理想的に思える。ただ，小規模な空間で暮らすこと自体が苦手な障害者と支援者との関係がうまくつくりきれない利用者にとっては，これまでの中舎制や小舎制を採用している入所施設の方がかえって暮らしやすかったり，スポーツや外出が気楽にできたりしていたのではないかと思われる点もある。たとえ，居住形態の小規模化やユニット化が進み，建物や設備，地域環境が一般の家庭に近づいたとしても，利用者の個性や特徴に相応していなかったり，中舎制や小舎制を採用している入所施設のサービスの内容や質を下回るものになったりしてしまうのでは元も子もない。

これらの居住形態の小規模化やユニット化を目指す支援提供体制は，高齢者支援の領域ではすでに標準化された支援方式となっており，地域のグループホームやユニットケア等が実践され，認知症高齢者においては認知症の行動と心理症状の軽減といった一定の成果が示されている。したがって，児童を対象とするグループホームやファミリーホームにおける効果的な支援の実現は可能である。ここで問題視されるのは，児童福祉分野においてグループホームやファミリーホームにおける利用者数は何人くらいが適切なのか，あるいは被虐待経験による障害が重篤な状態の児童がグループホームやファミリーホームを利用する場合には，利用者数や配置職員数をどのくらいの比率にした方がよいのかなどの実証研究のデータや検証結果に裏づけられた実践を目にする機会が限られている点である。

また，同時に児童を支援する職員の労働条件や労務環境についての検討をするための研究結果や実践報告を収集し，スタッフの負担感や支援効果などを分析することも重要である。加えて，職員にとって愛着関係をつくりやすい児童

の最適な人数や適切な配置職員を実現するための財源や職員の負担を軽減するための支援体制，あるいは最適な職員のローテーション勤務等に関する研究や実践に関する検証を丁寧に実施することも必要不可欠である。

　近年，児童福祉施設，特に入所施設で勤務する職員の求人に応募する者が激減している。そのため全国の多くの施設が施設運営に困窮している実態がある。しかも，現状の就労形態や職員の待遇が現在のままでは，職員不足を改善できる可能性は低いのではないかと思われる。

　まずは施設職員が対象児童に対して円滑な支援の提供を行うためには，施設形態をいかに改善すべきなのか，あるいは対象児童に職員が効果的な支援を実施するための施設運営システムはいかにあるべきか，環境整備や職員待遇の向上をどう図るのかなどについて，詳細に検証する研究や実践報告を丁寧に行っていくことが必要不可欠ではないかと思われる。

【ポイント整理】

○児童福祉施設の分類
　児童福祉施設は，「養育系施設」「障害系施設」「養成系施設」「保健系施設」「相談・助言系施設」に分けられる。

○児童福祉施設の分類
　児童福祉施設は，助産施設，乳児院，母子生活支援施設，保育所，幼保連携型認定こども園，児童厚生施設，児童養護施設，障害児入所施設（医療型・福祉型），児童発達支援センター（医療型・福祉型），情緒障害児短期治療施設，児童自立支援施設および児童家庭支援児童福祉法センター，の12種類である。

○入所施設
　入所施設は，24時間を通じて施設で生活し，生活支援や養育，治療，学習指導，生活訓練，自活訓練（リービングケア），就労支援等のサービスを受けることが基本となっている。

○通所施設
　通所施設は1日の生活のなかの一定時間限定で，通所施設において利用者が日常生活における基本的動作や知識・技能を習得し，集団生活や社会生活に適応するために必要な指導や訓練等のサービスの提供を受ける形態を採用している。

○利用施設
　利用施設は，児童に健全な遊びを与えて，彼らの健全育成を図る目的で設置され

た施設であり，1日の生活のなかで一定時間利用する形態を採用し，かつサービスを提供する利用者を制度的に限定することが可能な運営を行っている。

○障害者総合支援法と難病指定

2014（平成26）年5月に，「難病の患者に対する医療等に関する法律案」が可決成立し，難病対策が法制化された。そのため，2015（平成27）年1月から障害者総合支援法による制度に移行した。指定された難病は急性網膜壊死や薬剤性過敏症候群，遺伝性難聴等130種類の病気である。また，障害者総合支援法下の難病の指定を受けるには，要件として「治療方法が未確立」「長期の療養が必要」「客観的な診断基準がある」などの条件を満たす必要があるとされている。

○措置施設

措置権限をもつ都道府県または指定都市および児童相談所設置市が「行政措置と呼ばれる行政行為によって必要なサービスを提供する仕組みで運営される施設である。

○第一種社会福祉事業

利用者への影響が大きいため，経営安定を通じた利用者の保護の必要性が高い事業（主に入所施設サービス）である。

○第二種社会福祉事業

比較的利用者への影響が小さいため，公的規制の必要性が低い事業（主に在宅サービス）である。

○児童福祉の専門職

児童福祉の専門職としては，児童指導員，母子支援員，児童自立支援専門員，個別対応職員，児童生活支援員，家庭支援専門相談員，心理療法担当職員，里親支援専門相談員，職業指導員等がある。

【振り返り問題】

1 旧法である「障害者自立支援法」と新法の「障害者総合支援法」のちがいについて調べてみよう。
2 児童福祉施設のうちで措置施設が4つ（乳児院・児童養護施設・児童自立支援施設・情緒障害児短期治療施設）あります。それらの施設の概要について調べてみよう。
3 心理担当職員が配置されている児童施設を調べてみよう。

〈参考文献〉

厚生労働省雇用均等・児童家庭局長「家庭支援専門相談員，里親支援専門相談員，心理療法担当職員，個別対応職員，職業指導員及び医療的ケアを担当する職員の配置について」平成24年4月5日。

厚生労働省雇用均等・児童家庭局家庭福祉課「児童福祉施設の設備及び運営に関する基準（省令）」『子育て支援員（仮称）研修制度に関する検討会　第1回　専門研修ワーキングチーム（社会的養護）』2014年9月8日。

筒井孝子・大夛賀政昭「社会的養護体制の再編にむけた研究の現状と課題——社会的養護関連施設入所児童の変化：これに伴うケア提供体制の再構築のための研究の在り方」『保健医療科学』Vol. 60, No. 5, 2011年。

野﨑和義監修／ミネルヴァ書房編集部編『ミネルヴァ社会福祉六法 2015』ミネルヴァ書房，2015年。

橋本好市・明柴聰史「児童養護施設の小規模化に関する考察と課題——大舎制から小規模ケアへ」『園田学園女子大学論文集』第48号，2014年。

松本園子・堀口美智子・森和子『子ども家庭の福祉を学ぶ』ななみ書房，2013年。

山縣文治編『よくわかる子ども家庭福祉 第9版』ミネルヴァ書房，2014年。

【文献案内】

中田基昭編著『家族と暮らせない子どもたち——児童福祉施設からの再出発』新曜社，2011年。
　　——児童施設で暮らす子どもたちの日常のなかで生じる問題や課題，不安等について注目して記述した作品である。

長谷川眞人監修『しあわせな明日を信じて2』福村出版，2012年。
　　——乳児院や児童養護施設の子どもたちの卒園者の声を集めて一冊の本としてまとめた作品である。

松永信也『風になってください——視覚障害者からのメッセージ』法蔵館，2013年。
　　——視覚障害のある人びとの日常のなかでの出会いや支えあい等について注目して綴った作品である。

（田中利則）

第6章
児童家庭福祉の現状と課題

本章のポイント

　少子化が進行し，子どもたちとその家庭をめぐる環境は大きく変容しつつあります。それとともに，家庭が本来もつべき子育ての機能にも変化がみられるようになり，子どもたちや子育て家庭を社会全体で支えていこうという流れが生じてきました。

　ここでは，まず，少子化の背景を明らかにし，少子化対策の動向と子育て支援サービスについて理解していきます。また，子育ての期間を幅広くとらえ，母子保健サービスと児童健全育成施策について，その現状と課題を学びます。さらに，今後ますます増大すると考えられる多様な保育ニーズへの対応について，子ども・子育て支援新制度によるサービス提供の仕組みをふまえながら，学びを深めていきます。

第1節　少子化と子育て支援サービス

　社会の変化，産業構造の変化にともない，子育て家庭を取り巻く環境は大きく変容してきた。核家族化の進行とともに，さまざまなかたちの家庭，さまざまな背景をもつ家族が増加している。女性の社会進出やライフコースの多様化によって，非婚化，晩婚化も顕著であり，平均初婚年齢，第一子出産年齢は上昇を続けている。結婚を選択し，出産・子育てにたどり着いてみれば，地域社会から孤立した「家」のなかで，子育ての大変さ・しんどさと向きあわざるを得ず，一人の子どもを育て上げるまでの親の負担感は増大している。晩婚化が

進むにつれて,親自身が高齢化し,子育ての最中に自身の親の介護と両立しなければならないケースも少なくない。従来の子育て支援だけでは対応できない複雑な課題が生じつつある。

(1) 少子化の背景

　1980年代以降,合計特殊出生率は低下を続け,少子化の進行は深刻な社会問題となっている。2005(平成17)年には過去最低となる1.26を記録し,その後やや上昇に転じるものの,2014(平成26)年には1.42と9年ぶりに減少した。出生数も同様に減少傾向が続いており,2014(平成26)年の出生数は100万3,532人であった(図6-1参照)。少子化にはさまざまな要因が複雑に作用しているが,特に近年の出生率低下に影響を与えているものとしては,晩婚化・晩産化の問題が挙げられよう。2014(平成26)年の平均初婚年齢は夫31.1歳,妻29.4歳で,夫は前年より0.2歳,妻は前年より0.1歳上昇している。また,それにともない,第一子出生時の母の平均年齢も上昇を続けており,2011(平成23)年には30歳を超え,2014(平成26)年には30.6歳となった。

　また,平均初婚年齢が上昇するにしたがって,完結出生児数(夫婦の最終的な出生子ども数)の低下がみられるようになった。「第14回出生動向基本調査 結婚と出産に関する全国調査　夫婦調査」によると,完結出生児数は,2010(平成22)年に1.96となり,初めて2人を下回った。つまり,出生子ども数2人未満の夫婦が増加しているということである。同調査結果からは,夫婦の「理想子ども数」「予定子ども数」ともに減少傾向が続いていることが明らかになっている。若い夫婦の出生意欲は維持されているものの,「子育てや教育にお金がかかりすぎる」という経済的理由や,「高齢だから」という年齢・身体的理由,「育児の心理的・肉体的負担に耐えられない」などの理由によって実現が進まない,「産みたくても産めない」という現実がある。

　今日では,さまざまなライフスタイルとライフコースがある。人生をどのように生きるかはその人自身の選択によって決定されるが,個人の努力や頑張りで実現できることもあれば,社会の状況によってかなわない場合もあるだろう。

第 6 章　児童家庭福祉の現状と課題

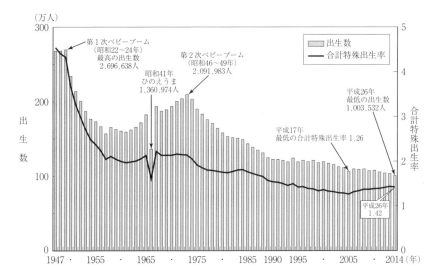

図6-1　出生数及び合計特殊出生率の年次推移
出所：厚生労働省「平成26年人口動態統計月報年計（概数）の概況」2015年，4頁。

　特に結婚や出産という人生の節目にあたる出来事に関しては，大きな決断を迫られることもある。第一子出生の選択は，出生率を左右し，第二子以降の出生やその後のライフコースにも大きな影響を与えると考えられる。

　各々のライフコースが尊重される現代の社会ではあるが，結婚・出産を望んだとき，その選択ができるかどうか。また，結婚・出産を経て再就職や職場復帰というコースの選択が可能なのかどうか。それらが不透明で漠然としたままでは，安心して子育てできるという確証がもてず，少子化の根本的な解決には至らないといえる。

― コラム1 ―

夫婦がパートナーに望むライフコースとは

　ライフコースとは，「個人が一生のうちにたどる道筋・行路」をいう。「就学」「就業」「結婚」「出産」などを選択した結果によって異なる，一人ひとりの人生の多岐性・多様性に注目しようとする考え方にもとづいたものである。
　未婚女性が理想とするライフコースは，1990年代以降，「専業主婦コース（結婚し

子どもをもち，結婚あるいは出産の機会に退職し，その後は仕事をもたない）」が減り，「両立コース（結婚し子どもをもつが，仕事も一生続ける）」が増えている。また，実際になりそうだと考えるライフコース（予定ライフコース）では，専業主婦コースは減少し続けており，それに代わって両立コースおよび「非婚就業コース（結婚せず，仕事を一生続ける）」が増加傾向にある。一方，未婚男性がパートナーとなる女性に望むライフコースをみても，専業主婦コースが減少し，両立コースが増加する傾向が続いている。

　理想とするライフコースが実現できるかどうかは，その人自身の問題だけではなく，社会のあり方にも大きく影響されている。

　　出所：国立社会保障・人口問題研究所「第14回出生動向基本調査（結婚と出産に関する全国調査）独身者調査の結果概要」2011年をもとに筆者作成。

（2）少子化対策の動向

　1994（平成6）年，「エンゼルプラン」が策定され，本格的な少子化対策がスタートした。その後，「新エンゼルプラン」（1999〔平成11〕年），「少子化対策プラスワン」（2002〔平成14〕年）等を経て，子育て支援策が次々に展開されていった。2003（平成15）年には，「少子化社会対策基本法」「次世代育成支援対策推進法」が相次いで制定され，仕事と家庭・子育ての両立という社会のニーズに対応するべく新たな少子化対策が進められてきた。

　2008（平成20）年には，希望するすべての人が安心して子どもを預けて働くことができる社会を目指した「新待機児童ゼロ作戦」が策定される。家庭の子育て機能の低下が指摘されるようになり，2010（平成22）年に策定された「子ども・子育てビジョン」では，少子化対策ということのみならず，社会全体で子どもと子育てを支えるという考え方が明確に示された。

　それらの動きに伴って，2003（平成15）年児童福祉法改正により，「放課後児童健全育成事業」や「子育て短期支援事業」などの子育て支援事業が法定化される。さらに2008（平成20）年の児童福祉法改正では，「乳児家庭全戸訪問事業」「養育支援訪問事業」「地域子育て支援拠点事業」「一時預かり事業」「家庭的保育」が法定化された。

　子育て家庭の生活状況に合わせた支援のあり方を検討するなかで，子育て家

庭が必要とする多様なサービスの整備や総合的な子育て支援が目指されるようになり，2012（平成24）年には「子ども・子育て関連3法」が成立，2015（平成27）年4月より本格的に実施されている。

（3）子育て支援サービス

まず，子育ての負担を大きく左右する経済的支援としては，社会手当や各種助成がある。「児童手当」は中学校修了までの児童が対象であり，保護者の収入や児童の年齢に応じて支給される。そのほか，母子および父子家庭などのひとり親家庭を対象とする「児童扶養手当」，学齢期の児童生徒を対象とする「就学援助制度」，年齢に応じ保険診療の一部負担金を助成する「小児医療費助成」などが挙げられる。

「平成26年国民生活基礎調査」によると，各種世帯の生活意識は，「児童のいる世帯」で生活が「大変苦しい」および「やや苦しい」との回答があわせて67.4％となっており，子育て家庭の経済的負担が明らかとなっている。今日では，「子どもの貧困」も社会問題として取り上げられており，経済的支援の充実は今後も切迫した課題のひとつといえるだろう。

また，仕事と子育ての両立を支援する代表的なものとして，「育児休業制度」が挙げられる。2009（平成21）年には育児・介護休業法の改正により，「パパ・ママ育休プラス」が創設された。両親ともに育児休業を取得する場合，子どもが1歳2か月まで1年間の育児休業の請求が可能となっており，それぞれの家庭の働き方や子育てのあり方に応じて育児休業を柔軟に取得できる仕組みが整えられつつある。男女ともに，仕事と家庭生活・子育てを両立したいという人びとの願いを実現するための環境づくりが進められてきている。

─ コラム2 ─

ワーク・ライフ・バランスの実現

2007（平成19）年12月，「仕事と生活の調和（ワーク・ライフ・バランス）憲章」・「仕事と生活の調和推進のための行動指針」が策定された。

> 「憲章」では，仕事と生活の調和が実現した社会は，「国民一人ひとりがやりがいや充実感を感じながら働き，仕事上の責任を果たすとともに，家庭や地域生活などにおいても，子育て期，中高年期といった人生の各段階に応じて多様な生き方が選択・実現できる社会」として，(1)就労による経済的自立が可能な社会，(2)健康で豊かな生活のための時間が確保できる社会，(3)多様な働き方・生き方が選択できる社会の3つを掲げている。
> すべての人が自分らしく生活できる社会の実現のためには，国・地方公共団体などの公的機関だけではなく，企業や民間団体，地域社会などがそれぞれの役割を果たしながら，人びとの暮らしを支える必要がある。
>
> 出所：内閣府HP「ワーク・ライフ・バランス憲章」(http://wwwa.cao.go.jp/wlb/government/20barrier_html/20html/charter.html，2015年10月27日閲覧)をもとに筆者作成。

そのほか，社会全体で子育てを支えるサービスの一つとして，「地域子育て支援拠点事業」が各地で実施されている。子育ての孤立化を防ぎ，子育てに関する不安感や負担感を軽減するため，また子どもたちがさまざまな大人や子どもとかかわる機会を提供するため，設置されるものである。「一般型」「連携型」とに分けられ，子育て中の親子が気軽に集い，相互交流や子育ての不安・悩みを相談できる場として期待されている。事業概要は図6-2のとおりである。

第2節　母子保健と児童健全育成

母子保健とは，母子の健康を守り，子どもの健やかな発達の促しを行うことを目的としているが，少子化，核家族化，晩婚化など，女性の出産，子育てを取り巻く環境は変化し，周産期の支援(出産前後期間の支援)も保健領域の母子の健康，子育て支援の重要な課題として位置づけられている。そして，妊娠から出産，子育て期へと切れ目のない支援が求められている。

子どもの健全育成の環境も，少子化，親の就労の影響等により大きく変容し，特に学童期以降の放課後の子どもの居場所や学習支援のあり方，健やかな育ちについての支援システム拡充の必要性がでている。未来の社会を担う子どもの健やかな育ちを保障することは喫緊(きっきん)の課題となっている。

	一般型	連携型
機能	常設の地域の子育て拠点を設け、地域の子育て支援機能の充実を図る取組を実施	児童福祉施設等多様な子育て支援に関する施設に親子が集う場を設け、子育て支援のための取組を実施
実施主体	市町村（特別区を含む。） （社会福祉法人、NPO法人、民間事業者等への委託等も可）	
基本事業	①子育て親子の交流の場の提供と交流の促進 ③地域の子育て関連情報の提供	②子育て等に関する相談・援助の実施 ④子育て及び子育て支援に関する講習等の実施
実施形態	①〜④の事業を子育て親子が集い、うち解けた雰囲気の中で語り合い、相互に交流を図る場として常設の場を設けて実施 ・地域の子育て拠点として地域の子育て支援活動の展開を図るための取組（加算） 一時預かり事業や放課後児童クラブなど多様な子育て支援活動を拠点施設で一体的に実施し、関係機関等とネットワーク化を図り、より一層効果的な支援を実施する場合に、地域の子育て支援拠点事業本体事業に対して、別途加算を行う ・出張ひろばの実施（加算） 常設の拠点施設を開設している主体が、週1〜2回、1日5時間以上、親子が集う場を常設することが困難な地域に出向き、出張ひろばを開設 ・地域支援の取組の実施（加算） ①地域の多様な世代との連携を継続的に実施する取組 ②地域の団体と協働して伝統文化や習慣・行事を継承的に実施し、親子のふれあい、親子の育ちを継続的に支援する取組 ③地域ボランティアの育成、町内会、子育てサークルとの協働による地域団体の活性化等地域の子育て資源の発掘・育成を継続的に行う取組 ④家庭に対して訪問支援等を行うことで地域とのつながりを継続的に持たせる取組 ※利用者支援事業を併せて実施する場合は加算しない。	①〜④の事業を児童福祉施設等で従事する子育て中の当事者や経験者をスタッフに交えつつに実施 ・地域の子育て力を高める取組の実施（加算） 拠点施設における中・高校生や大学生等ボランティアの日常的な受入・養成の実施
従事者	子育て支援に関して意欲があり、子育てに関する知識・経験を有する者（2名以上）	子育て支援に関して意欲があり、子育てに関する知識・経験を有する者（1名以上）に児童福祉施設等の職員が協力して実施
実施場所	保育所、公共施設空きスペース、商店街空き店舗、民家、マンション・アパートの一室等を活用	児童福祉施設等
開催日数等	週3〜4日、週5日、週6〜7日／1日5時間以上	週3〜4日、週5〜7日／1日3時間以上

図6-2 地域子育て支援拠点事業の概要

出所：内閣府子ども・子育て本部「子ども・子育て支援新制度について」2015年、76頁。

(1) 母子保健の目的と現状

　母子保健の目的は、母と子どもの心身の健康を守り、次の世代の子どもを健全に育て、国民の保健の向上を図ることにある。日本では少子化の問題が顕著であり、それにともない、少産少死の傾向をかんがみ、きめ細かい対応が可能な母子保健サービスの整備が進められている。

　日本の母子保健は、1965（昭和40）年の母子保健法の制定から整備が進められてきた。基本的な母子保健サービスは、市町村により提供されており、未熟児養育医療や未熟児訪問指導等の専門的なサービスは都道府県（保健所）が実施している。そして、地域における切れ目のない妊娠・出産支援の強化を推進するために、さまざまな施策が設けられ実践されている。

　母子保健法は、母子保健サービスを推進するための柱となる法律であり、「母性並びに乳児及び幼児の健康の保持及び増進を図るため、母子保健に関する原理を明らかにするとともに、母性並びに乳児及び幼児に対する保健指導、健康診査、医療その他の措置を講じ、もつて国民保健の向上に寄与することを目的とする」（第1条）と規定している。

　母子を取り巻く現在の状況は、女性の社会進出等にともなう晩婚化の影響により大きく変化しており、不妊治療のサポートや高齢出産に対する子育て支援が求められている。その一方で、若年出産や育児に向きあえない親の問題など、その課題は多岐にわたっている。

(2) 母子保健の施策と実施体系

　日本における母子保健の施策として、2014（平成26）年度から、切れ目ない支援を行うためのモデル事業が実施されている（『厚生労働白書 平成27年版』）。①妊産婦等の支援ニーズに応じ、必要な支援につなぐ母子保健コーディネーターの配置、②退院直後の母子の心身のケアを行う産後ケア事業、③助産師等による相談支援を行う産前・産後サポート事業が29市町村において実施されている。2015（平成27）年度からは、このような取り組みを定着させるために、妊娠期から子育て期にわたるまでのさまざまなニーズに対して総合的相談支援

を提供するワンストップ拠点（子育て世代包括支援センター）が設置された。保健師，助産師，ソーシャルワーカー等のコーディネーターがすべての妊産婦等の状況を把握し，必要に応じて支援プランを作成して，妊産婦等に対し切れ目のない支援を行っている。

　厚生労働省は，不妊に悩む夫婦への支援として，体外受精および顕微授精については経済的な負担が大きいため，2004（平成16）年度から，経済的負担の軽減のため，配偶者間の不妊治療に要する費用の一部を助成している。

　その他，小児慢性特定疾病対策や子どもの心の健康支援等について，児童福祉法の一部を改正する法律（平成26年法律第47号）が2015（平成27）年に施行され，将来の展望に不安を抱えている子どもやその家族への支援として，消費税増収分を活用した医療費助成制度を確立する措置が講じられ，医療費助成の対象疾病が従来の514疾病（11疾患群）から704疾病（14疾患群）まで拡大した。また，子どもの心の支援体制づくりを実施するために「子どもの心の診療ネットワーク事業」が都道府県域の拠点病院等で行われている。そして，先天性代謝異常の早期発見・早期治療のため，各都道府県で実施している新生児マス・スクリーニング検査は，タンデムマス法を用いた検査の普及を進めている。図6－3が母子保健対策の体系である。

（3）母子保健における専門的業務の実施

　保健所は，母子保健事業について，広域的で専門的な知識と技術を必要とする母子保健事業を実施している。市町村との役割分担等の調整（対象者の種類，指導の内容および指導の方法等）を行い，その保健事業範囲を明確化している。保健所で行う母子保健事業は，おおむね以下の内容になる。

①未熟児への訪問，相談事業。
②身体障害や慢性疾患等を有する子どもの療育，健康管理および在宅ケアに関する相談事業。
③心身の発達に問題を抱える子どものフォローアップ。

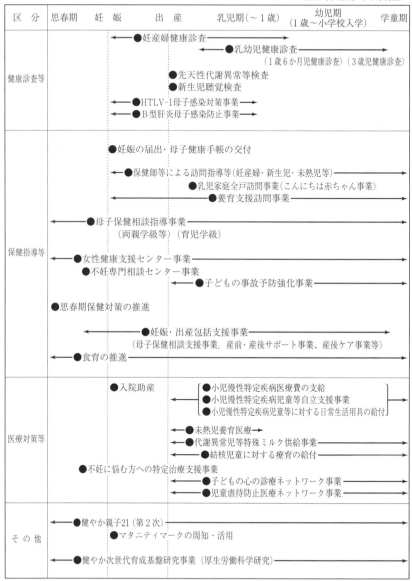

図6-3 母子保健対策の体系

出所:『厚生労働白書 平成27年版』「母子保健対策の体系」資料編, 190頁。

④思春期などのこころの健康に関する相談事業。
⑤児童相談所等との連携による子ども虐待の防止対策。
⑥小児期からの成人病予防や性に関する健康教育, 相談の普及等学校保健との連携。
⑦その他地域の実情に応じた先駆的モデル事業。

その他, 母子保健サービスが行っている内容では以下のものがある。
①健康診査では, ア. 妊産婦健康診査, イ. 乳幼児健康診査, ウ. 先天性代謝異常等検査, エ. B型肝炎母子感染防止事業等が行われている。乳幼児健康診査とは, 乳幼児の健康と発達を検査しており, 乳児期と幼児期（1歳6か月, 3歳）の2回実施される。
②保健指導では, ア. 妊娠の届出・母子健康手帳の交付, イ. 保健師等による訪問指導, ウ. 母子保健相談指導事業（両親学校等）, エ. 女性健康支援センター事業, オ. 妊娠・出産包括支援事業, カ. 食育推進事業等が実施されている。
③医療対策では, 医療措置が必要な小児に対して医療費等の支援が実施されている。また, 妊娠・出産時の緊急事態に応じた周産期医療の提供, 不妊に対する特定治療支援, 子どもの心の問題や子ども虐待防止, 発達についての対応が行われている。

（4）健やか親子21

「健やか親子21」とは, 母子の健康水準向上のため, 21世紀の母子保健の主要な取り組みを提示するビジョンとして位置づけられ, 関係者, 関係機関・団体が一体となって, その達成にむけて取り組む国民運動計画のことを指す。2001（平成13）から2010（平成22）年までの10年間の計画とされていたが, その後4年間2014（平成26）年まで延長された。未来を担う子どもたちの健やかな育ちのための計画と活動になり, 母子の健康・子どもの発達の保障を促している。

図6-4 健やか親子21（第2次）

出所：健やか親子21 HP，厚生労働科学研究費補助金健やか次世代育成総合研究事業研究班（http://sukoyaka21.jp/，2015年10月29日閲覧）。

2015（平成27）年から10年計画で開始する「健やか親子21（第2次）」では，「すべての子どもが健やかに育つ社会」の実現を目指している。国民運動計画としての取り組みの充実に向けて，国民の主体的取り組みの推進や，関係者，関係機関・団体や企業等との連携・協働，健康格差解消に向けた地方公共団体の取り組みの強化が期待されている（図6-4参照）。

具体的な取り組みとして，3つの基盤課題（ABC）と2つの重点課題が設けられている。基盤課題Aでは「切れ目ない妊産婦・乳幼児への保健対策」，Bでは「学童期・思春期から成人期に向けた保健対策」，Cでは「子どもの健やかな成長を見守り育む地域づくり」を挙げている。また，母子保健課題の重点課題①「育てにくさを抱える親に寄り添う支援」，②「妊娠期の児童虐待防止対策」にも着目する必要がある。

（5）乳幼児の虐待予防

「子ども虐待による死亡事例等の検証結果等について」（第10次報告，2014年）（厚生労働省）では，ゼロ歳児の子どもの虐待死亡問題に着目しており，その状況は第5次報告（2009年）から続いている。大幅に死亡児童数が減少するという変化はなく，さまざまな施策が実施されていても，改善できない子どもの虐

第6章 児童家庭福祉の現状と課題

待死亡の状況が明らかにされている。コラム3は，産後の母親と子どものサポートの一例である。

コラム3

産後4か月の母子のケア・育児支援サービス

　乳幼児を対象とした虐待発生予防・子育て支援活動が，東京都のそれぞれの地域でさまざまなかたちで定着しつつある。東京都にある武蔵野大学附属産後ケアセンター桜新町（東京都世田谷区）では，出産後4か月未満の子どものケア，母親の休養と体力回復に向けて，産後のケアの拠点として24時間体制で助産師が中心となり対応している。センターは，2008（平成20）年に開設された。子どもの虐待発生予防の対応策・子育て支援が保健領域で検討され，実践につなげ定着していった例になる。具体的なサービスには，「宿泊プラン（母子ショートステイ）」「日帰りプラン」「ボディケアサービス」がある。「臨床心理士によるカウンセリング」など，精神面でのサポートも行っており，相談援助も実施されている。地域の関連機関と連携を取り，地域の子育て支援とのつながりも重視している。

　出所：武蔵野大学附属産後ケアセンター桜新町HP（http://www.musashino-u.ac.jp/sa_ca/，2015年10月29日閲覧）をもとに筆者作成。

　子ども虐待の発生予防に関しては，国によるさまざまな事業が展開されている。①生後4か月までの乳児がいるすべての家庭を訪問して，子育て支援の情報提供や養育環境等の把握，育児不安や悩みの相談等の援助を行う「乳児家庭全戸訪問事業（こんにちは赤ちゃん事業）」。②養育支援が必要であると判断される家庭に対して，保健師・助産師・保育士等が居宅を訪問し，養育に関する相談に応じて，さまざまな子育ての指導，助言により養育能力を向上させる「養育支援訪問事業」が設けられ，各地域で相談・支援体制の整備が進められている。

（6）子どもの健全育成の目的と現状

　子どもの健全育成は，子どもの健康と健やかな育ちの保障を目的としている。近年では，親の就労にも影響を及ぼす，放課後児童クラブの不足などにより生じる「小1の壁」が問題視されている。したがって，子どもの健やかな育ちと

子育て支援まで幅広いサポートが必要になる。子ども・子育て関連3法においても，地域の実情に応じた子ども・子育て支援（利用者支援，地域子育て支援拠点，放課後児童クラブなどの「地域子ども・子育て支援事業」）の充実が挙げられている。

（7）子どもの健全育成の支援体系
1）放課後児童健全育成事業（厚生労働省）——放課後学童クラブ
児童福祉法第6条の3第2項の規定にもとづき，保護者が労働等により昼間家庭にいない小学校に就学している児童に対し，授業の終了後等に小学校の余裕教室や児童館等を利用して適切な遊びと生活の場を設けて，その健全な育成を図るものである。設置状況として，全国で2万2,084か所，登録児童数93万6,452人，利用できなかった児童（待機児童）数は9,945人となっている（平成26年5月1日現在 厚生労働省雇用均等・児童家庭局育成環境課調べ）。運営主体別数をみると，公営8,545か所・民営1万3,539か所である。場所は，学校の余裕教室，学校敷地内専用施設，児童館等で実施されている。

2）放課後子ども教室推進事業（文部科学省）——放課後子供教室
すべての子どもを対象として，安全・安心な子どもの活動拠点（居場所）を設け，地域住民の参画を得て，子どもたちとともに勉強やスポーツ・文化活動，地域住民との交流活動などの取り組みを推進する事業のことである。

3）放課後子ども総合プラン
放課後学童クラブを利用することができないために，親が仕事を減らさざるを得ない，あるいは辞めるなどといった問題が生じる「小1の壁」の解決のために，また，次代を担う人材を育成することを視野に入れて，文部科学省と厚生労働省が共同で，2014年に「放課後子ども総合プラン」を策定した。国全体の目標として，2019（平成31）年度末までに，放課後児童クラブについて，約30万人分を新たに整備して，受入児童数の拡充を図り，利用できない児童の解消を目指している。全小学校区（約2万か所）で，放課後児童クラブと放課後子供教室を一体的に組織し，または連携して運営して，うち一体型の放課後児

童クラブ・放課後子供教室について、1万か所以上の実施を予定している。

放課後の子どもの健全育成については、「放課後子どもプラン推進事業実施要綱」が文部科学省・厚生労働省により定められ、2007（平成19）年4月より実施されている。「放課後児童健全育成事業の設備及び運営に関する基準」（平成26年厚生労働省令第63号）第10条に規定されている「放課後児童支援員」と「補助員（放課後児童支援員が行う支援について放課後児童支援員を補助する者）」の役割および職務については、現行の放課後児童クラブガイドラインをふまえ実施されており、子どもたちにかかわる「放課後児童支援員」等が、遊びや生活の場を提供し、その健全な育成を図っている。

4）その他の子どもの健全育成に関する支援サービス

放課後学童クラブのみならず、ひとり親家庭、親の長時間就労の影響を受けている子どもへの支援も求められている。コラム4は近年、整備されてきている子どもの健やかな育ちのためのサービスの一例である。子どもの貧困問題、子どもを取り巻く家庭環境の変化に対応するために、各地でさまざまな活動が行われ、そのネットワークが広がっている。

コラム4

貧困の子どもへの支援

豊島子どもWAKUWAKUネットワーク（NPO法人）は、地域の子どもを地域で見守り育てるために設立され、さまざまな活動を子どもたちやその親に提供している。活動のなかには、「無料学習支援（いわゆる無料塾）」として、教育格差による貧困の連鎖をくいとめるための支援がある。家庭の状況に影響されることなく学びの場を保障するために、学習が遅れている子、勉強が苦手な子、ひとりで宿題ができない子など、地域の気になる子に対して、学生や地域住民が、丁寧に対応している。「要町あさやけ食堂」では、子どもが一人でも入れる食堂（子ども食堂）として運営を行っている。家で一人で食べるより、みんなでにぎやかに食べることを目的として、地域に住むひとり親家庭の子どもと親、仕事などで夜早く帰れない家庭の子ども、何らかの理由で子どもだけで食事をする家庭のために、毎月、第一と第三水曜日の夕方から夜の7時ぐらいまで、300円で栄養バランスのよい夕食を提供している。

出所：豊島子どもWAKUWAKUネットワーク（NPO法人）HP（http://toshimawakuwaku.com/、2015年10月29日閲覧）をもとに筆者作成。

第3節　多様な保育ニーズへの対応

(1) 保育ニーズの増大と待機児童対策

　少子化が進行する一方で，女性の就労意欲は増加し，結婚や出産を経ても働き続けたい，出産を経て再就職したいというケースが増大している。その結果，希望しても認可保育所に入所することができない「待機児童」が急増し，社会的な問題として認知されるようになっていった。厚生労働省「保育所等関連状況取りまとめ」によると，待機児童数は2万3,167人となり，5年ぶりに増加している（2015〔平成27〕年4月1日現在）。

　待機児童ゼロを目指す取り組みが続くなかで，国は2013（平成25）年，「待機児童解消加速化プラン」を打ち出した。具体的には，保育所等整備，賃貸物件による保育所改修支援，小規模保育設置改修支援，幼稚園預かり保育改修支援，家庭的保育改修支援，認可化移行改修支援があり，保育拡大量の実績としては2013（平成25）年および2014（平成26）年度の2年間で約21.9万人分の保育の受け入れ枠を確保してきた。加速化プランでは，待機児童の解消に向け，2017（平成29）年度末までの5年間であわせて約40万人分の保育の受け入れ枠を確保することを目指している。

　待機児童問題においては，各自治体によるさまざまな取り組みが行われており，認可保育所だけではなく，多様な保育の受け皿をどのように確保していくか，保育施設数が増えたときに，それにともなう保育の質を保証できるのかという課題がある。全待機児童数の7割は，首都圏および近畿圏，その他の政令指定都市・中核市をあわせた都市部が占めており，地域間格差も目立つ。今後，子ども・子育て支援新制度とあわせた対策でどのように解消されていくか，新たな保育サービスを浸透させ，活用を促していくことができるかどうかが問われている。

第❻章　児童家庭福祉の現状と課題

コラム5

保育・教育コンシェルジュ

　2011（平成23）年6月，横浜市では，全国に先駆けて保育・教育コンシェルジュを導入した。保育・教育コンシェルジュは，就学前の子どもの預け先に関する保護者の相談に応じ，認可保育所のほか，市が認定・助成する横浜保育室，一時預かり事業や幼稚園預かり保育などの保育サービス等について情報提供する専門の相談員である。サービス利用前の相談だけではなく，認可保育所に入所できなかった場合のアフターフォローなども行っている。保護者ニーズと保育サービスなどを適切に結びつけることを目的として，各区のこども家庭支援課に配置している。
　寄せられた相談内容には次のようなものが挙げられる。
- 保育サービスにはどのようなものがあるのか。
- 保育施設を見学するポイントは何か。
- 自分のペースで働きたいが，子どもの預け先はあるのか。
- 幼稚園の預かり保育／認定こども園とはどのようなものなのか。
- 保育園の空き状況について知りたい。
- 認可保育所に申し込みをしたが保留になってしまった。
- たまには子どもを預けてリフレッシュしたい。

　保育・教育コンシェルジュは，今後も地域における身近な相談窓口として，子育て家庭と適切なサービスを結びつけるための役割を果たすことが期待されている。
　　出所：横浜市こども青少年局保育対策課HP（http://www.city.yokohama.lg.jp/kodomo/kinkyu/concierge.html，2015年10月27日閲覧）をもとに筆者作成。

（2）子ども・子育て支援新制度による主な保育サービス

　2015（平成27）年4月，幼児期の学校教育や保育，地域の子育て支援の量の拡充と質の向上を進めていくための「子ども・子育て支援新制度」が本格施行された。新制度では，子育て支援を必要とするすべての家庭を対象とし，多様化する保育ニーズに応え，子どもたちがより豊かに健やかに育つことを支えるサービス提供を大きな目的としている。制度の主な柱として，「施設型給付」と「地域型保育給付」の創設，認定こども園制度の改善と充実，地域の実情に応じた子ども・子育て支援等が挙げられる。

1）施設型給付による保育サービス

　「保育所」は，「保育を必要とする乳児・幼児を日々保護者の下から通わせて

保育を行うことを目的とする施設」（児童福祉法第39条）であり，認可保育所（定員20人以上）と認可外保育施設とに区分される。認可保育所の保育は，保育所保育指針にもとづき，保育士によって行われている。認可外保育施設のなかには，自治体独自の基準によって補助を受けている施設もある。

「幼稚園」は，学校教育法にもとづく教育機関である。近年では一時預かり事業（預かり保育）を実施している園が増えている。2006（平成18）年に導入された「認定こども園」は，幼稚園と保育所の機能や特徴をあわせもち，新制度においても保育需要の受け皿として期待されている。幼稚園型，地方裁量型，幼保連携型，保育所型に分類され，新たな設置や幼稚園・保育所からの移行によって普及が図られつつある。

2）地域型保育給付による保育サービス

地域型保育給付は，待機児童の多い0〜2歳児の受け入れ枠の確保と，地域のさまざまな実情にあわせたサービス提供を目的としている。家庭的な雰囲気のもとで，少人数（定員5人以下）を対象にきめ細かな保育を行う「家庭的保育（保育ママ）」，少人数（定員6〜19人）を対象に，家庭的保育に近い雰囲気のもときめ細かな保育を行う「小規模保育」，会社の事業所の保育施設などで，従業員の子どもと地域の子どもを一緒に保育を行う「事業所内保育」，障害・疾患等で個別のケアが必要な場合や，施設がなくなった地域で保育を維持する必要がある場合などに，保護者の自宅で1対1で保育を行う「居宅訪問型保育」に分けられる。

3）その他の各種保育サービス

「一時預かり事業」は，家庭において保育を受けることが一時的に困難となった乳幼児を一時的に預かる事業である。保育所や地域子育て支援拠点などにおいて行われる「一般型」，保育所等において利用児童数が定員に達していない場合に，定員の範囲内で一時預かりを行う「余裕活用型」，幼稚園において在園児を主な対象として行われる「幼稚園型」，児童の居宅において一時預かりを実施する「居宅訪問型」がある。

「延長保育事業」は，保育認定を受けた子どもについて，通常の利用日およ

び利用時間以外の日および時間において，認定こども園，保育所等において保育を実施する事業である。施設内で保育を行う一般型に加え，子どもの自宅などで保育を行う訪問型が新設された。保育ニーズの増大にともない，今後も多くの利用が見込まれている。

また，保護者からの要望が高い「病児保育事業」については，3つが挙げられる。地域の病児・病後児を，病院・保育所等に付設された専用スペースなどにおいて，看護師などが一時的に保育等を行う「病児対応型・病後児対応型」，保育中の体調不良児を一時的に預かるほか，保育所入所児に対する保健的な対応や地域の子育て家庭や妊産婦等に対する相談支援を実施する「体調不良児対応型」，地域の病児・病後児について，看護師などが保護者の自宅へ訪問し，一時的に保育する「非施設型（訪問型）」である。

さらに，会員相互の子育て支援活動としては，「ファミリー・サポート・センター事業（子育て援助活動支援事業）」が挙げられる。乳幼児や小学生等の児童を有する子育て中の労働者や主婦等を会員として，子どもの預かり等援助を受けることを希望する者と，子育て等の援助を行うことを希望する者との相互援助活動に関する連絡，調整を行う事業である。身近な地域で子育てを支えあう活動への支援となっている。

その他，子ども・子育て支援新制度においては，子育て家庭の個々のニーズに対応する「利用者支援」と日常的な「地域連携」を掲げた「利用者支援事業」が新設された。「基本型（「利用者支援」と「地域連携」をともに実施）」「特定型（主に「利用者支援」を実施）」「母子保健型（保健師等の専門職がすべての妊産婦等を対象に「利用者支援」と「地域連携」をともに実施）」があり，子どもとその保護者の身近な場所で，教育・保育・保健その他の子育て支援の情報提供および必要に応じ相談・助言等を行うとともに，関係機関との連絡調整等を実施するサービスとして期待されている。

（3）柔軟なサービス提供を目指して

子育て家庭が求めるニーズは多様化しており，それぞれの家庭に応じたサー

ビス提供が求められるようになってきている。先述したとおり，保育サービスにおいては，従来型の認可保育所のほか，認定こども園など，多様な働き方や子育ての状況に応じたサービスの仕組みが整えられつつある。夫婦でもフルタイムで働くいわゆる「共働き家庭」の保護者のみならず，経済的負担，子育ての負担が大きくなりがちなひとり親家庭の保護者もいる。仕事の時間や内容にあわせた保育の利用や，一時預かりなどで，リフレッシュできる時間の提供も必要である。

　家庭のかたちがさまざまであり，働き方や子育てのあり方も家庭によって異なるからこそ，サービス支援については画一的ではない，柔軟できめ細かいサービスのあり方を構築できるかどうかが重要である。「子育て＝大変，負担が大きい」ではなく，無理せず，頑張りすぎず，親が子どもとともにいることのよろこびを感じることができるような子育て支援の仕組みが求められている。

　また，子育て・保育の課題は乳幼児期で完結・解消されるものではない。乳幼児期には安定して供給されていたサービスが，学童期に入った途端，貧弱なものに変わってしまっては意味がない。子育てが続く十数年という期間においては，子どもの年齢や発達の段階に応じて生じてくる子育ての悩みや課題に対応することも不可欠であり，連続性をもった安定したサービスが提供されなければならない。

　繰り返しになるが，それぞれの人生，働き方があり，子育ても十人十色である。親が「ちょっと助けてほしい」と思ったとき，いざというときに，身近に支えてくれる存在があれば，どれほど安心感を得られるであろうか。そして，さまざまな保育サービスに従事する保育者とは，そのような個々の家庭の子育てを認め，必要な情報やサービスを提供し，支える専門職になり得るのではないだろうか。

　子育ての悩みを自分からはいえない，話せない保護者もいる。そのような潜在的なニーズを掘り起こし，アプローチしていくのも保育者の役割のひとつであろう。大切なのは，完璧に「親業」をこなすことではなく，それぞれのもっている時間で真摯に子どもと向きあうことである。保育者は，今この瞬間，子

育てに向きあっているすべての親に対して,「一人で頑張らなくてもいいよ」「十分がんばっているよ」というメッセージを発信できる存在でありたいものである。

― 事 例 ―

子育てひろばの一場面

　保育所の子育て支援センターに勤務する保育士のかなえさん（仮名）は，最近気になっていることがある。
　センターに設置されている子育てひろばには毎日多くの親子が訪れるのだが，そのなかにまわりの親子とはまったくかかわろうとしない母親がいるのだ。子どもを勝手に遊ばせておいて，自分はスマートフォンをずっといじっていたり，ぽーっとしていたりする。そんな親がかならず一人か二人はいる。
　かなえさんたち職員に対しては挨拶もするし，声をかければ返事もするが，それ以上の会話はない。それでも彼女たちは毎日のように通ってくる。かなえさんは，そのような母親たちに対して，どのようにはたらきかければいいのか悩んでいる。
　出所：筆者作成。

【ポイント整理】

○完結出生児数／完結出生力
　夫婦が結婚後，十分に時間が経過して，これ以上子どもを産まなくなった時点の子ども数を完結出生児数と呼び，その出生力の水準を完結出生力という。日本の場合，結婚から15年を経過すると追加出生がほとんどみられなくなる。

○ライフサイクルとライフコース
　ある時期が来れば，かならず就学・就業・結婚・出産等があって，個人の一生はそれが繰り返されるというライフサイクルに対して，一人ひとりの人生の多岐性・多様性に注目しようとする考え方にもとづいたものがライフコースである。だれもがかならず同じような人生を送るのではなく，個人が選択する岐路によって，人生のあり方は変化することを示している。

○地域子育て支援拠点事業
　乳幼児およびその保護者が相互の交流を行う場所を開設し，子育てについての相談，情報の提供，助言その他の援助を行う事業。子育ての不安を解消し，身近な地域で子育てを支えることを目的としており，一般型と連携型に分けられる。

○健やか親子21
　母子の健康水準向上のため，21世紀の母子保健の主要な取り組みを提示するビジョンとして位置づけられ，関係者，関係機関・団体が一体となって，その達成に向けて取り組む国民運動計画のことを指す。
○周産期の子育てサポートシステム
　周産期（出産前後）の母親と子どもの子育てサポートシステムの充実は，乳幼児虐待の防止，子育て支援といった医療・保健・社会福祉のニーズに応えることにつながっている。
○無料塾
　日本の相対的貧困率は悪化し2014（平成26）年の厚生労働省発表によると，子どもの貧困率は16.3％（6人に1人）になっている。教育格差，貧困の連鎖を断ち切るために，生活保護を受けている家庭，低所得家庭（市町村民税非課税者等）で育つ子どもへ無料で提供される教育の場・居場所のことを指す。実施主体は，特定非営利団体（NPO法人）が多い。
○待機児童問題
　保育所への入所資格を満たし，入所を希望しているにもかかわらず，保育所の数や定員不足によって入所できない児童が増加してきたこと。国は2001（平成13）年，待機児童ゼロ作戦を掲げ，対策に取り組んできた。待機児童数には，保育施設に入所できず，親が育児休業を延長した場合などはふくまれておらず，「隠れ待機児童」の存在も指摘されている。

【振り返り問題】
1　ワーク・ライフ・バランスの実現のため，具体的にどのような取り組みが必要なのか，まわりの人と話しあってみよう。
2　放課後児童健全育成について，どのような体制が整備されているか，まわりの人と一緒に整理してみよう。
3　第3節の事例について，あなたが保育士の立場に立ったとき，どのようにはたらきかけるか，考えてみよう。

〈参考文献〉
厚生労働省「国民生活基礎調査の概況」2015年。
厚生労働省社会保障審議会児童部会児童虐待等要保護事例の検証に関する専門委員会「子ども虐待による死亡事例等の検証結果等について（第10次報告）」厚生労働省，2014年。

厚生労働省「保育所等関連状況取りまとめ（平成27年4月1日）」2015年。
厚生労働省「平成26年人口動態統計月報年計（概数）の概況」2015年。
国立社会保障・人口問題研究所『第14回出生動向基本調査　結婚と出産に関する全国調査　独身者調査の結果概要』2011年。
国立社会保障・人口問題研究所「第14回出生動向基本調査　結婚と出産に関する全国調査　夫婦調査の結果概要」2011年。
流石智子監修，浦田雅夫編著『知識を生かし実力をつける――子ども家庭福祉』保育出版社，2013年。
健やか親子21 HP，厚生労働科学研究費補助金健やか次世代育成総合研究事業研究班（http://sukoyaka21.jp/，2015年10月29日閲覧）。
豊島子どもWAKUWAKUネットワーク（NPO法人）HP（http://toshimawakuwaku.com/，2015年10月29日閲覧）。
内閣府「少子化社会対策大綱の見直しに向けた意識調査」2013年度。
内閣府・文部科学省・厚生労働省『子ども・子育て支援新制度　なるほどBOOK　平成26年9月改訂版』2014年。
武蔵野大学附属産後ケアセンター桜新町HP（http://www.musashino-u.ac.jp/sa_ca/，2015年10月29日閲覧）。

【文献案内】
伊藤比呂美訳『今日』福音館書店，2013年。
　――ニュージーランドの子育て支援施設から，作者不詳のまま英語圏に伝わった詩を，日本語訳したもの。インターネットを中心に子育て中の母親の間で話題となった。子育て中の親をはげましてくれる一冊。各頁には，絵本のように柔らかい雰囲気の挿絵が描かれている。保育者になるにあたり，ぜひ目をとおしてみてほしい。
全国学校事務職員制度研究会　「なくそう！　子どもの貧困」全国ネットワーク編『元気がでる就学援助の本』かもがわ出版，2012年。
　――子どもたちが安心して楽しく学校生活を送れるように，憲法や教育基本法，学校教育法等にもとづいて，義務教育である小中学校の子どもがいる家庭に学用品等を市町村が援助する制度を紹介している。子どもの健全育成に必要な学びの機会を子どもたちに提供できるように支援する制度について，わかりやすく説明している。保育者を目指す学生に，ぜひ目をとおしてほしい本である。

　　　　　　　　　　　（第1節・第3節　飯塚美穂子，第2節　加藤洋子）

第7章
児童を取り巻く環境と課題

―― 本章のポイント ――

　少子・高齢化が進むなかで，子どもたちを取り巻く環境は，家庭の孤立化や地域とのつながりの希薄化により，虐待や貧困など子どもたちが「被害者」となる事件・事故があとを絶ちません。
　本章では子どもたちに「安心・安全」を提供することが求められる保育士支援の課題を考察するとともに，子どもをふくめた社会的弱者といわれる人への支援の手立てを学びます。また，「子育て支援」にかかわる保育士が必要とする基本的姿勢や態度について学びを深めていきます。

第1節　児童虐待防止とドメスティック・バイオレンス

（1）児童虐待の防止と予防のための対応に向けて

1）児童虐待の理解と把握

　児童虐待とは，古くて新しい問題でもある。人が人として生活するなかで権利としての人権意識が高まってきた。そのなかで，「子どもの人権」を擁護する視点から行きすぎた躾や体罰は虐待としてとらえられるようになってきた。
　わが国における児童福祉の歴史を振り返ってみると，古代から「子どもは宝」と詠われてきた日本の文化・風土がある。このようなことから，「児童虐待」などは起こりにくいものと理解されてきた。しかし，貧困や災害・飢饉などにより家族全体に存続の危機が生じた場合には，口減らしのために，間引き，身売り，奉公など真っ先に被害を受けるのは子どもたちである。その現実をひ

もとくと，日本や西洋諸国に古くから伝わる童謡や童話のなかに児童虐待の実態とその被害者となった子どもたちが数多く描かれている。子どもにとってその一つひとつは苦難の歴史でもあった（たとえば，シャボン玉，かごめかごめ，五木の子守歌，白雪姫，シンデレラなど）。

　児童虐待とは，加害者が親または親にかわる養育者などによって，児童に加えられた意図的な行為で，児童の心身を傷つけ健やかな成長・発達を損なう不適切なかかわりである。だれしもが，子を思う親の気持ちを理解しながらも，一方で体罰は躾であり，生活苦からもやむを得ない出来事として躾や虐待というこれらの行為を黙殺・容認していた時代もあった。「虐待」を歴史的にみれば，虐待と思えば虐待であり躾と主張すれば躾という虐待を行う当事者としての親の立場を容認してきたともいえる状況でもあったが。しかし，1989年国際連合で児童の権利に関する条約が採択された以降（日本は1994〔平成6〕年に批准，158番目の締約国），人権侵害としての児童虐待がマスコミなどで取り上げられ，しかもその加害者の多くが実親であるという現実のなかで，わが国においてもようやく社会的な問題・課題として取り上げられるようになった。このような経緯から，2000（平成12）年「児童虐待の防止等に関する法律（通称「児童虐待防止法」）」が制定されるにいたった。

コラム1

児童虐待とは

　児童虐待について「児童虐待の防止等に関する法律　第2条」で，次のように4つの行為類型として規定されている。
- 身体的虐待：児童の身体に外傷が生じ，又は生じる恐れのある暴行を加えること。
- 性的虐待：児童にわいせつな行為をすること又はわいせつな行為をさせること。
- ネグレクト：児童の心身の正常な発達を妨げるような著しい減食又は長時間の放置その他の保護者としての監護を著しく怠ること。
- 心理的虐待：児童に対する著しい暴言又は著しく拒絶的な対応，同居する家庭における配偶者等への暴力等児童に著しい心理的外傷を与える言動を行うこと。

出所：「児童虐待の防止に関する法律第2条」をもとに筆者作成。

○全国の児童相談所での児童虐待に関する相談対応件数は，児童虐待防止法施行前の平成11年度に比べ，平成24年度は5.7倍に増加。

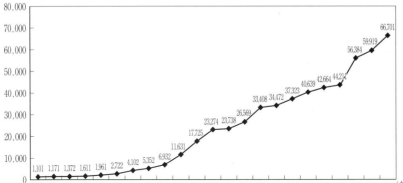

※平成22年度は，東日本大震災の影響により，福島県を除いて集計した数値。

○児童虐待によって子どもが死亡した件数は，高い水準で推移。

	第1次報告 （H15.7.1〜 H15.12.31）			第2次報告 （H16.1.1〜 H16.12.31）			第3次報告 （H17.1.1〜 H17.12.31）			第4次報告 （H18.1.1〜 H18.12.31）			第5次報告 （H19.1.1〜 H20.3.31）		
	虐待死	心中	計	虐待死	心中	計	虐待死	心中	計	虐待死	心中	計	虐待死	心中	計
例数	24	—	24	48	5	53	51	19	70	52	48	100	73	42	115
人数	25	—	25	50	8	58	56	30	86	61	65	126	78	64	142

	第6次報告 （H20.4.1〜 H21.3.31）			第7次報告 （H21.4.1〜 H22.3.31）			第8次報告 （H22.4.1〜 H23.3.31）			第9次報告 （H23.4.1〜 H24.3.31）		
	虐待死	心中	計	虐待死	心中	計	虐待死	心中	計	虐待死	心中	計
	64	43	107	47	30	77	45	37	82	56	29	85
	67	61	128	49	39	88	51	47	98	58	41	99

図7-1　児童虐待の対応件数および虐待による死亡事例件数の推移

出所：厚生労働省「子ども虐待による死亡事例等の検証結果等について」（第1〜9次報告）。

2）児童虐待の背景

　児童虐待の場合，多くは加害者と被害者が実の親子関係にある場合が多く，そして，家庭内という密室での出来事から表面化されにくい。そのため，虐待の程度もますます非常さを増していく傾向にある。また，被害を受ける子どもの多くは乳幼児や年少者であり，結果として命を奪われてしまう子どもたちが，

年間数十人という実態が報告されている（図7-1）。

　児童虐待とは本来ならば，子どもが何らかの被害を受けた場合，最初にその訴えに耳を傾け，助けるべき親などによる行為である。また，親などによる子どもの人権侵害でもある。そして，その多くが家庭内という密室のなかで発生するため外部からは実態がわかりにくく，子どもからも被害を訴えることすらむずかしい。つまり，発見すること自体に困難をともなうのが児童虐待の大きな特徴でもある。

　子どもの誕生は，本来，出産した母親や家族にとっても大きな喜びであり，また，産まれた子どもにとっては唯一の母親との出会いでもある。しかしながら，子育て等に関して日本の社会では，古くから「家事・育児・高齢者の世話」は嫁の仕事とその多くは母親などの女性に任されている現実がある。

　男女平等や共同参画が唱えられている一方で，離婚率の増加や，仕事中心の社会環境から，子育ての負担感，経済的な問題（教育費，養育費の増大），育児に関する社会的・私的な要求水準の高度化，子育て支援の手薄化，思うように育てられない不満，育児ストレスの増加，養育環境要因などが相互に影響し合い，結果として虐待へとつながってしまう場合が少なくない。

　虐待の背景として，虐待をしているとして通報される家庭環境のなかに，少しずつ変化が見受けられるようになってきている。また，虐待の加害者（ドメスティック・バイオレンス「DV」をふくむ）は，社会的・経済的な問題を抱えた人として理解されやすいが，実際に児童相談所で虐待などの相談支援を対応してきた筆者の体験から考察すると「学歴・生活（職）歴・生活水準・階層」など家族の社会的評価とはまったく関係なく，いつでも，どこでも，だれにでも可能性がある行為であり，身近な問題としてとらえていくことが大切であると考える。同時に，虐待はエスカレートする傾向が強いものであり児童相談所などの専門機関との連携が重要になる。コラム2は東京都江戸川区で起こった虐待の死亡事件により文部科学省，厚生労働省から出された指針である。保育士は子どもの命を守る最前線にいるとの自覚が必要である。

---　コラム2　---

学校及び保育所から市町村又は児童相談所への
定期的な情報提供に関する指針

この指針は，2010（平成22）年3月24日付で文部科学省，厚生労働省から各部門に通知されたものであり，同年1月に東京都江戸川区[※1]において発生した児童虐待が疑われる子どもの死亡事件を受けて策定された。

対象とする児童については，①要保護児童対策地域協議会[※2]において児童虐待ケースとして進行管理台帳に登録されており，かつ学校（幼稚園，小学校，中学校，高等学校等）及び保育所に在籍する幼児児童生徒等。②児童相談所が管理する児童虐待ケースを含む（協議会の対象外の者）※地域の実情を踏まえ，対象となる児童の範囲を柔軟に設定することも可としている。

また，緊急時の対応として，教育機関において，新たな児童虐待の兆候や状況の変化等を把握したときは，定期的な情報提供の期日を待つことなく，適宜適切に福祉部門に情報提供又は通告するとしている。

[※1] 2010（平成22）年1月江戸川区で小学生の男児が両親から虐待を受け死亡するという痛ましい事件が発生した。本事例においては，医療機関から虐待通告があり，地域の関係機関が関与していながら，児童の命を救うことができなかった。（平成22年5月11日付「児童虐待死亡ゼロを目指した支援のあり方について（江戸川区事例　最終報告）——平成21年度東京都児童福祉審議会児童虐待死亡事例等検証部会報告書——から引用）

[※2] 要保護児童対策地域協議会とは，2004（平成16）年度の児童福祉法改正により整備されたものであり，地方公共団体が設置し，虐待の早期発見や適切な保護を図るための関係機関との連携協力を行うためのものである。

出所：「厚生労働省HP」「学校及び保育所から市町村又は児童相談所への定期的な情報提供に関する指針」のポイント（http://mhlw.go.jp/bunya/kodomo/dv40/dl/01.pdf, 2016年2月17日閲覧）。

3）児童虐待の防止と予防に向けて

厚生労働省による2013（平成25）年度「子どもの虐待死事例」では，心中以外の虐待死事例は36例（36人），心中による虐待死事例は 27例（33人）になっている。心中以外の虐待死においては，虐待被害者の8割以上が3歳未満の児童で占められており，その家庭の経済状況は生活保護世帯や市町村民税非課税世帯の割合が高いことから，そうした世帯における児童虐待の発生リスクには留意する必要性があると指摘されている。

筆者自身の体験から，虐待家族の状況について，虐待の可能性は家族の社会的評価とは関係ない行為であるが，懸命に働くも貧困・低収入という壁を越え

られないまま，その苦労を継続している家族があり，その親自身も貧しさからの世代間連鎖による社会的排除（教育・就労・家族・公的福祉・自己否定）を体験し，不安定な生活状況を余儀なくされている事例がある。さらに，一方では，乱れた生活の結果，多額の負債を抱えながらも振り返ることもしない家族などの事例もあり，貧困に起因する社会的排除等，経済的な問題も児童虐待と強く結びついている場合が多いことに気づかされる。

　保育士として虐待にどう向き合うべきか。少子化が進む一方で虐待通告件数は反比例して増加している。しかし，虐待通告が1件増えるということは，それだけ一人の児童を虐待から救えることにつながる。虐待はエスカレートするものであり，結果として子どもの命が奪われることにもつながる。子どもの専門家として保育士は，各機関との連携を考慮し虐待を見逃さないことに心がけていくことが大切である。

　少子高齢化は生産可能人口を減少させ，経済・社会情勢に大きく影響を及ぼす。児童相談所で対応した虐待の発生件数は増加傾向を示してはいるが，虐待の発生件数・死亡事例等そのものは減少傾向になったとしても，児童虐待の防止活動の手を緩めることなく「虐待はよくないこと」といい続けられる社会環境の整備が求められる。

　保育現場のなかで，虐待をしていると思われる母親に対し，保育士はどう対応すべきであろうか。たとえば，担当している園児の頭に傷があり，母親との会話のなかで「かわいいけれど，いうことを聞かないと時々憎らしくなり，たたいてしまう。躾と思っている」といわれたらどうするのか。母親の話を冷静に聞き，それは虐待であるとして説明することも大切なことである。しかし，このような行為が無意識にたび重なるようであれば母親の心理的問題，子どもの安全・保護などを第一に考え，上司に相談し相談機関へつなげていくことが必要となる。

　このように，虐待かそうではないかを判断する際には，保育士として「虐待とどう向きあうか」という基本姿勢が重要になる。コラム3は厚生労働省の「子ども虐待の手引」における虐待の判断の留意点である。虐待は最悪の場合

子どもの生命に危機が及ぶ。子どもの側に立って判断することが大切である。

コラム3

虐待の判断の際の留意点

「虐待の判断に当たっての留意点」として，厚生労働省の「子ども虐待の手引」では，個別事例において虐待であるかどうかの判断は，児童虐待防止法の定義に基づき行われるのは当然であるが，子どもの状況，保護者の状況，生活環境等から総合的に判断するべきであるとしている。その際，留意すべきは<u>子どもの側に立って判断すべきであるということ</u>である。

虐待を判断するに当たっては，以下のような考え方が有効であろう。「虐待の定義はあくまで子ども側の定義であり，親の意図とは無関係です。その子が嫌いだから，憎いから，意図的にするから，虐待と言うのではありません。親はいくら一生懸命であっても，その子をかわいいと思っていても，子ども側にとって有害な行為であれば虐待なのです。<u>我々がその行為を親の意図で判断するのではなく，子どもにとって有害かどうかで判断するように視点を変えなければなりません</u>」。

出所：厚生労働省「子ども虐待の手引」から引用。下線筆者。

（2）ドメスティック・バイオレンスとは

1）ドメスティック・バイオレンスの理解と対応に向けて

ドメスティック・バイオレンス（domestic violence：DV）のドメスティックとは家庭のという意味であり，バイオレンスは暴力という意味である。一般的には親密な関係にある配偶者や恋人との関係にある者，またはあった者からの暴力を指す用語として使われる。

また，「配偶者からの暴力の防止及び被害者の保護等に関する法律」（以下，DV防止法）とは配偶者等からの暴力を防止し，被害者を保護することを目的としてつくられた法律である。DV防止法では被害者を女性に限定していない。しかし，多くの被害者が女性であるため，女性を守るための法律としても位置づけられている（表7-1）。

2001（平成13）年に成立したDV防止法は（たび重なる改正）にともない，対象範囲が拡大され，身体的な暴力をはじめ，「これに準ずる心身に有害な影響を及ぼす言動」など，精神的な暴力などもふくまれ，子どもの前での妻等への

表7-1 DV防止法の暴力・具体例

身体的暴力	殴る，蹴る，物を投げつける，刃物を突きつける，首を絞める，髪の毛を引っ張り，引きずり回す
精神的暴力	何でも従うよう強要する，外出を禁止する，無視し続ける，人前でも暴言，屈辱する，大切にしているものでも捨てる，罵詈雑言を浴びせる
性的暴力	性行為を強要する，見たくもないポルノビデオや雑誌を見せられる，暴力的な性行為を強要する，避妊に協力してくれない，中絶を強要する
その他	生活費を渡さない，子どもの前で暴力を振るう，故意に子どもを危険な目に遭わせる

出所：DV防止法をもとに筆者作成。

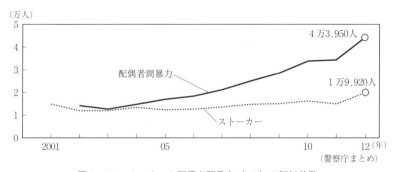

図7-2 ストーカーと配偶者間暴力（DV）の認知件数

出所：法務省『犯罪白書 平成26年版』。

暴力・児童虐待へと範囲が拡大された（図7-2）。

特に，2014（平成26）年の法改正により，暴力的な行為だけではなく，生命等に対する脅迫，電話，ファクシミリ，電子メール（緊急やむえない場合をのぞく）の禁止や被害者の親族等への接近禁止，生活の本拠を共にする交際相手からの暴力（通称「デートDV」），およびその被害者にもDV防止法に準じて，国籍や在留資格を問わないため，日本国内にいるすべての外国人にも適用されることとなった。

また，生命や身体に重大な危害を与える恐れがある（法に規定される要件を満たす）場合には，被害者が裁判所に申立てることによって，接近禁止，退去，子への接近禁止，親族への接近禁止，電話禁止などの命令が下される。

> ─ コラム4 ─
>
> ### DVと母子生活支援施設の役割
>
> 　DVを受けた家族が避難する場所のひとつに，母子生活支援施設がある。2014（平成26）年3月に作成された「母子生活支援施設運営ハンドブック」では，DV被害者のために「DV被害者は，加害者から逃れる等のために遠隔地の施設を利用する必要性が高い場合がある。そのために円滑な広域利用を推進することが重要である」から広域利用の確保が大切であるとしている。
>
> 　さらに，「24時間の受け入れや広域利用など，広く母親と子どもの緊急利用を受け入れる。DV防止法に基づく一時保護委託の依頼の場合は，速やかに受け入れを行い，安心で安定した生活が営めるように体制を整える。役割分担と責任の所在を明確にし，配偶者暴力相談支援センター・警察署・福祉事務所等との連絡調整体制を整える。被害者が施設で生活していることをDV加害者に知られないように配慮を徹底する」などの緊急利用に適切に対応する体制の整備が求められている。
>
> 出所：厚生労働省『母子生活支援施設運営ハンドブック』をもとに筆者作成。

　DVは社会福祉の支援のなかでも大きな課題となっている。家族形態が縮小化され，家族関係自体が複雑化してきているなかで，家族関係は個人情報であり公表・表向きにしたくないという日本の家庭状況がある。福祉の世話（福祉をはじめ社会的支援を求めること）になるのは，恥・恥ずかしいという考えが多くの家庭のなかに残っている。特に，DVでは相互関係の心理，夫婦関係や家族の力関係（だれがルールを決めるか）などがあり，単純に解決できるものではない。

　わが国は「戦後70年」を歩んできた。そのなかで，明治維新から唱えられてきた国としての「自立」ということが，今あらためて問われている。同様に，現代の日本には，人権擁護や，権利としての社会保障など確立すべき課題が山積している。そのひとつに暴力（力）により他を支配するDV等への対応は，教育や社会保障だけでは解決できない多くの問題を含んでいる。自助，共助，公助の関係を整理し，新たな支援体制の構築が求められている。

第2節　社会的養護

(1) 社会的養護とは

　社会的養護とは、「子どもの最善の利益」と「社会全体で子どもを育む」を理念として保護者のない児童や、保護者に監護させることが適当でない児童を公的責任で社会的に養育し、保護するとともに、養育に大きな困難を抱える家庭に対して支援を行うことである。児童福祉法では、児童に対して社会の公的な責任で心身ともに健やかに育つ権利を保障している。保護者のない児童や保護者に監護させることが適当ではない児童を「要保護児童」と呼び、要保護児童についてもその権利は保障されなければならない。

　社会的養護では、要保護児童およびその家庭に対して支援を行ううえで表7-2に示す6つの原理が掲げられている。

(2) 社会的養護の体系

　社会的養護の体系は、「家庭養護」と「家庭的養護」、「施設養護」に大きく分けられる。図7-3はそれらを体系化したものである。法体系には、主に「児童福祉法」と「児童福祉施設の設備及び運営に関する基準」などがある。

　児童福祉施設は、表7-3に示すとおり、児童福祉法では12種類が規定されている。また、それら施設の設備および運営については、「児童福祉施設の設備及び運営に関する基準」によって最低基準が規定されている。そこには、「児童福祉施設に入所している者が、明るくて、衛生的な環境において、素養があり、かつ、適切な訓練を受けた職員の指導により、心身ともに健やかにして、社会に適応するように育成されることを保障するものとする」（第2条）と目的が明記されている。児童福祉施設は、同法第4条において「児童福祉施設は、最低基準を超えて、常に、その設備及び運営を向上させなければならないことや最低基準を超えて、設備を有し、又は運営をしている児童福祉施設においては、最低基準を理由として、その設備又は運営を低下させてはならない」

表7-2 社会的養護の原理

①家庭的養護と個別化	要保護児童がひとしく適切な養育環境の基で育てられることを保障し，社会的養護に従事する人びとが要保護児童に対して適切な環境でできる限り家庭的な養育を行うことである。子どもたちにとって，「当たり前の生活」が保障されると子どもたち一人ひとりに対して適切に決め細かい支援を個別に行うことが重要である。
②発達の保障と自立支援	人間にとって基礎を形成する乳幼児期において，愛着関係や信頼関係が非常に重要となることから，それらの関係が安心して形成できる環境と支援に努めるとともに子どもが主体的に活動を行うことで将来的に自立した生活が営めるように社会生活に必要な基礎的な力を養うための自立支援をしていくことである。
③回復をめざした支援	要保護児童は，虐待を受けた経験や保護者との分離経験などからさまざまな心理的問題を抱えている。そのため，それらの心理的問題に対して心理的な支援を行うことが重要である。要保護児童がさまざまな問題を回復し，安心感をもてる環境で大切にされる体験を積み重ね，信頼関係や自己肯定感を取り戻すことが必要となる。
④家族との連携・協働	親とともに，親を支えながら，あるいは親に代わって，子どもの発達や養育を保障していく取り組みである。要保護児童と保護者との信頼関係の紡ぎ直しを行いつつ，保護者の養育を支え要保護児童の適切で安心できる家庭環境を保護者とともに整え，保護者から切り離された要保護児童に対しては保護者に代わりその環境を保障することが重要である。
⑤継続的支援と連携アプローチ	社会的養護の対象に対して始まりからアフターケア（終了後の支援）までの継続した支援と，できる限り特定の養育者による一貫性のある養育と継続的支援を行うことである。また，継続的支援を行うために社会的養護のさまざまな担い手が連携し，それぞれの専門性を活かしながら子どもの自立や親子の支援を目指す連携アプローチが求められる。
⑥ライフサイクルを見とおした支援	社会的養護の対象に対してそのサービスについて，入所や委託を終えた後も長くかかわりを持ち続ける取り組みである。対象がそのサービス（施設や里親など）に対して，いつでも支援を求めることができる場として存在することを重要とする。また，サービスを受けた対象が，将来，保護者となり，子どもに対して自身が受けた虐待経験を繰り返させないように，虐待や貧困の世代間連鎖を断ち切っていけるような支援を行わなければならない。

出所：厚生労働省「社会的養護の課題と将来像の実現に向けて」2015年をもとに筆者作成。

第7章 児童を取り巻く環境と課題

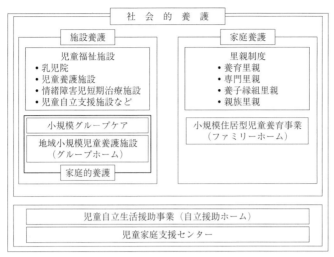

図7-3 社会的養護の体系
出所:厚生労働省「社会的養護の現状について」2015年をもとに筆者作成。

表7-3 児童福祉法に規定される児童福祉施設

児童福祉施設の種類
助産施設,乳児院,母子生活支援施設,保育所,幼保連携型認定こども園,児童厚生施設,児童養護施設,障害児入所施設,児童発達支援センター,情緒障害児短期治療施設,児童自立支援施設,児童家庭支援センター

出所:「児童福祉法」をもとに筆者作成。

とされている。

①児童養護施設

児童養護施設は,「保護者のない児童,虐待されている児童その他,環境上養護を要する児童を入所させて,これを養護し,あわせて退所した者に対する相談その他の自立のための援助を行うことを目的とする施設」(児童福祉法第41条)である。児童養護施設では児童にできる限り家庭的な環境を提供し,児童が安心して生活を送れることで発達を保障し,心身が健やかに成長できるよう支援を行っている。児童養護施設は,入所児童に対してより家庭的な環境を提供するために,小規模化による少人数グループの養護が進められている。

表7-4　里親の種類

養育里親	さまざまな事情により家族と暮らせない子ども（要保護児童）を一定期間，自分の家庭で養育する里親。
専門里親	養育里親のうち，虐待，非行，障害などの理由により専門的な援助を必要とする子どもを養育する里親。
養子縁組里親	養子縁組によって，子どもの養親となることを希望する里親。
親族里親	実親が死亡，行方不明等により養育できない場合に，祖父母などの3親等以内の親族が子どもを養育する里親。

出所：厚生労働省「里親になりませんか？」2014年をもとに筆者作成。

②里親制度

　里親制度とは，何らかの事情によって家庭での養育が困難もしくは受けられない子どもに対して，温かい愛情と正しい理解をもって家庭的な環境のなかで養育する制度である。里親とは，要保護児童を養育することを希望する者であって，都道府県知事が適当と認める者である。里親は，表7-4に示すとおり要保護児童の特性や児童との関係，里親の希望などにあわせて4種類に分けられている。また，里親になるためには，25歳以上であり，①要保護児童の養育についての理解および熱意と，児童に対する豊かな愛情を有していること，②経済的に困窮していないこと，③都道府県知事が行う養育里親研修を修了していること，④里親本人またはその同居人が欠格事由に該当していないことが要件として主に挙げられる。

③小規模住居型児童養育事業（ファミリーホーム）

　小規模住居型児童養育事業とは，ファミリーホームと呼ばれ，2008（平成20）年児童福祉法改正により以前から里親型のグループホームとして行われていた事業が，養育者の家庭に児童を迎え入れて養育を行う家庭養護の一環として，要保護児童に対し，児童間の相互作用を活かしつつ，児童の自主性を尊重し，基本的な生活習慣を確立するとともに，豊かな人間性および社会性を養い，児童の自立を支援することを目的として法定化された事業である。入所定員は5～6人とされ，養育者2人と1人以上の補助者が必要とされている。

④小規模グループケア

　小規模グループケアは，子どもたちにできる限り家庭的な環境で，きめ細やかなケアを提供することを目的に厚生労働省局長通知「児童養護施設等における小規模グループケア実施要綱」にもとづき，児童養護施設，乳児院，情緒障害児短期治療施設，児童自立支援施設における施設内もしくは施設外で小規模なループで実施されるケアのことである。グループの人数は，児童養護施設6人以上8人以下，乳児院4人以上6人以下，情緒障害児短期治療施設および児童自立支援施設5人以上7人以下とされている。

⑤地域小規模児童養護施設（グループホーム）

　地域小規模児童養護施設とは，グループホームとも呼ばれ，本体施設となる児童養護施設の支援のもと，地域社会の民間住宅を活用して近隣住民と適切な関係を保持しながら，家庭的な環境のなかで養護を実施し，それによって児童の社会的自立の促進に寄与することを目的としている。グループの定員は原則6人とされている。

⑥自立援助ホーム

　自立援助ホームとは，義務教育を修了した20歳未満の者で，児童養護施設等を退所した者または都道府県知事が必要と認めた者に対し，これらの者が共同生活を営む住居を提供し，相談その他の日常生活上の援助，生活指導，就業の支援等を行う事業である。

⑦児童家庭支援センター

　児童家庭支援センターは，地域の児童の福祉に関する各般の問題につき，児童に関する家庭その他からの相談のうち，専門的な知識および技術を必要とするものに応じ，必要な助言・指導などを行う施設である。また，児童相談所・児童福祉施設等との連絡調整を行い，地域の児童に関する諸問題について，密着しながら相談支援を行う。

コラム5

「家庭的養護」と「家庭養護」の区別

　これまで，社会的養護の体系には，「家庭的養護」と「家庭養護」の言葉を区別せず，「家庭的養護」と「施設養護」という養護が存在していた。しかし，国連の「児童の代替的養護の指針」における用語の区別などをふまえ，「施設養護」に対する言葉としては，里親等には「家庭養護」の言葉を用いるように，用語の整理が行われた。社会的養護を必要とする児童に対して，日本では今後，「家庭養護」を優先し，児童福祉施設などにおける養護もできる限り家庭的養護に替えていくように推進している。

出所：第13回社会保障審議会児童部会社会的養護専門委員会資料（2012年）をもとに筆者作成。

（3）社会的養護の現状

　要保護児童の人数は，年々増加傾向にある。また，要保護児童のうち，虐待を受けた児童は増加傾向にあり，子どもたちに対する精神的ケアの充実が求められている。さらに，児童養護施設においては，虐待を受けた児童の増加だけでなく，入所児童のなかで，発達障害などの障害がある児童数が増加しており，障害に対する理解や個々の障害特性に応じたきめ細やかな支援が必要となっている。

　わが国では，従来の施設養護から，家庭的養護，家庭養護を優先した取り組みが行われている。特に，里親委託を推進している。諸外国と比較すると日本の現状は，施設養護への依存が高く，今後は里親制度のような家庭にできる限り近い環境での養護が求められている。

（4）社会的養護の今後の課題

　社会的養護には，「家庭養護」「家庭的養護」「施設養護」にもとづいて，要保護児童に対して支援がなされている。要保護児童は，児童を取り巻く環境がさまざまに変化し，社会的養護を必要とする理由も複雑かつ多様化している。今後の社会的養護の課題としては，入所している子どもたちの一人ひとりのニーズを精神的・身体的に充足すること，親子関係の調整（紡ぎ直し），障害児への理解などが挙げられる。また，社会的養護に携わる職員についても今後は

子どものニーズに対応できる専門職種（心理療法担当職員など）の配置とともに職員の専門性の向上およびメンタルヘルスの充実にも努めるべきである。

第3節　障害児への対応

（1）障害とは

わが国における障害の定義は，「障害者」と「障害児」に大きく分けられている。各定義について，表7-5に示す。障害者の定義は，障害者基本法第2条に規定され，障害児は児童福祉法第4条第2項に規定されている。なお，障害児の定義に明記されている「精神に障害のある児童」には，発達障害者支援法が制定したことにともない発達障害のある児童がふくまれることになり，なお，この条文中の「政令で定めるもの」とは，障害者総合支援法第4条第1項に定められたものを指している。

1）身体障害

身体障害とは，身体機能が先天的(2)もしくは後天的(3)な要因によって障害があることを指している。身体障害には，肢体不自由，視覚障害，聴覚障害，内部障害，高次脳機能障害などが挙げられる。また，ヒト免疫不全ウイルスによる免疫機能障害（AIDS）は身体障害の障害範囲にふくまれている。

わが国の身体障害児数は，『障害者白書 2012年版』によれば，7万8,000人程度と推計されている。

2）知的障害

知的障害は一般的な定義化がなされていない。文部科学省では知的障害を「記憶，推理，判断などの知的機能の発達に有意な遅れがみられ，社会生活などへの適応が難しい状態」と規定している。医学的な診断基準については，おおむね次の3つの基準が挙げられる。

- 全般的な知的機能が同年齢の子どもと比べて明らかに遅滞していること。
- 社会への適応機能がその子どもの年齢に対して期待される水準より低いこと。

表7-5 障害者と障害児の定義

障 害 者 (障害者基本法)	身体障害，知的障害，精神障害（発達障害をふくむ）その他の心身の機能の障害がある者であって，障害および社会的障壁により継続的に日常生活または社会生活に相当な制限を受ける状態にあるものをいう。
障 害 児 (児童福祉法)	身体に障害のある児童，知的障害のある児童，精神に障害のある児童または治療方法が確立していない疾病その他の特殊の疾病であって，政令で定めるものによる障害の程度が厚生労働大臣の定める程度である児童をいう。

出所：障害者基本法第2条第1項，児童福祉法第4条の2をもとに筆者作成。

- 18歳未満で生じていること。

わが国の知的障害児数は，『障害者白書 2015年版』によれば，15万9,000人程度と推計されている。

3）精神障害

精神障害とは，精神保健福祉法（精神保健及び精神障害者福祉に関する法律）において，「統合失調症，精神作用物質による急性中毒又はその依存症，知的障害，精神病質その他の精神疾患を有する者をいう」(第5条)と規定している。精神障害と区分される児童は，これらの精神疾患に罹患している18歳未満を指す。

知的障害と精神障害の大きな相違点は，知的障害は先天的な障害により知的機能が一般よりも低いことを指し，障害自体を治療または改善することがむずかしい。一方，精神障害とは，遺伝的な疾患もあると考えられる場合もあるが，疾患である以上，改善または軽快することが可能ということである。

わが国の精神障害児数は，『障害者白書 2015年版』によれば，17万9,000人程度と推計されている。

4）発達障害

発達障害とは法令上の定義では，発達障害者支援法で「自閉症，アスペルガー症候群その他の広汎性発達障害，学習障害，注意欠陥多動性障害その他これに類する脳機能の障害であってその症状が通常低年齢において発現するものとして政令で定めるものをいう」(第2条第1項)と定義されている。また，発達障害児・者について，同法第2条第2項で，「『発達障害者』とは，発達障害

表7-6 主な発達障害の定義

自閉症	3歳位までに現れ，①他人との社会的関係の形成の困難さ，②言葉の発達の遅れ，③興味や関心が狭く特定のものにこだわることを特徴とする行動の障害であり，中枢神経系に何らかの要因による機能不全があると推定される。
学習障害	基本的には全般的な知的発達に遅れはないが，聞く，話す，読む，書く，計算する，または推論する能力のうち特定のものの習得と使用に著しい困難を示すさまざまな状態を指すものである。学習障害は，その原因として，中枢神経系に何らかの機能障害があると推定されるが，視覚障害，聴覚障害，知的障害，情緒障害などの障害や，環境的な要因が直接の原因となるものではない。
注意欠陥多動性障害	年齢あるいは発達に不釣り合いな注意力，およびまたは衝動性，多動性を特徴とする行動の障害で，社会的な活動や学業の機能に支障をきたすものである。また，7歳以前に現れ，その状態が継続し，中枢神経系に何らかの要因による機能不全があると推定される。

注：文部科学省の調査によれば公立小学・中学校の通常学級に在籍している発達障害もしくは発達障害の可能性がある児童・生徒は全体の6.5％であるとされている。
出所：文部科学省にて規定される定義をもとに筆者作成。

を有するために日常生活又は社会生活に制限を受ける者をいい，『発達障害児』とは，発達障害者のうち18歳未満のものをいう」（第2条第2項）と規定している。また，発達障害は，脳機能の障害であり，性格や育て方，しつけなどが悪いから引き起こされることはない。発達障害に分類される主な障害について，表7-6に示す。

5）重症心身障害

　重症心身障害とは，重度の知的障害と重度の肢体不自由が重複した状態を指している。重症心身障害という用語は，医学的な診断名ではなく，児童福祉法上の措置を行うため使用される行政用語である。重症心身障害の原因は，染色体異常や脳奇形などの出生前の原因や低酸素症や髄膜炎，低出生体重などの出生後の原因などさまざまであり，近年，幼児期の交通事故や溺水事故などの原因も増えている。重症心身障害児は，その障害が重度のため，呼吸管理や痰の吸引，投薬などの医療的ケアが必要となる場合が多く，つねに医療と介護を必要とする。

(2) 障害児に対する支援

　障害児を支援する法体系として，障害者基本法，児童福祉法，身体障害者福祉法，知的障害者福祉法，精神保健福祉法，発達障害者支援法，障害者総合支援法，などがある。

　障害児に対する支援について，2012（平成24）年に児童福祉法の一部が改正され，障害児支援の強化を目的に従来の障害種別ごとに分かれていた施設体系が，障害児通所支援と障害児入所支援に一元化された。通所支援は，児童発達支援を行う施設・事業として「児童発達支援センター」「放課後等デイサービス」「保育所等訪問支援」による支援がある。また，入所支援には，「障害児入所施設」による支援がある。児童発達支援では，日常生活における基本的な動作の指導，知識技能の付与，集団生活への適応訓練などを実施している。

　また，教育分野では，特別支援教育として，通常学級や特別支援学級，特別支援学校などにおいて，子ども一人ひとりの障害の特性や状況にあわせた教育の提供に努めている。

1）児童発達支援センター

　地域の障害児支援の専門施設として，通所を利用する障害児の支援をはじめとして，地域の障害児やその家族に対する支援や保育所等の施設に通う障害児に対して施設を訪問して支援を行っている。児童発達支援センターは，福祉型児童発達支援センターと医療型児童発達支援センターに分けられる。福祉型は，主に児童発達支援を行い，医療型は児童発達支援に加えて治療も提供する。医療型は主に肢体不自由児を対象とした施設で医療法に定められた診療所である。

2）放課後等デイサービス

　学校通学中の障害児に対して，放課後や夏休みなどの長期休暇中に生活能力向上のための訓練等を継続的に提供する事業である。学校教育法に規定する学校（幼稚園，大学をのぞく）に就学している障害児に対して学校教育と相まって自立を促進するとともに放課後などの居場所として活用される。

3）保育所等訪問支援

　保育所などを利用している障害児もしくは今後利用する予定の障害児が，保

育所などにおける集団生活の適応のための専門的な支援を必要とする場合に，①障害児本人に対する支援，②訪問先施設のスタッフに対する支援を行う事業である。

4）障害児入所施設

障害児を入所させて，保護，日常生活の指導および独立自活に必要な知識の付与を行う施設である。福祉型障害児入所施設と医療型障害児入所施設に分けられ，福祉型は，前述の支援を行い，医療型はこれらの訓練に加え治療を行う施設である。医療型は，自閉症，肢体不自由，重症心身障害を対象とした施設であるとともに医療法で定められた病院である。

（3）障害児に対する支援の課題

障害児について，児童福祉法が一部改正されたこと，子ども・子育て支援新制度などの大きく支援のあり方が変わりつつある。わが国では，今後の障害児支援の課題として，表7-7のような課題が挙げられる。

障害児の支援で重要なことは，障害を早期に発見し，家族をふくめた早期の支援をすることである。そのためには，支援対象となる子どもが，変化するライフステージ(5)にあわせて保健，医療，福祉，保育，教育，就労支援等のさまざまな関係機関が綿密に連携する「縦横連携」による支援を受けられる環境が大切となる。障害児に対する支援を充実させるためには，今後，児童発達支援センターの役割がとても大きくなるだろう。地域の障害児支援の中核として児童発達支援センターを位置づけ，専門的支援を広く提供することや関係機関の連携を担う役割が求められている。

さらに行政上のサービスを効果的に得るために障害者手帳の普及も挙げられる。障害者手帳には，「身体障害者手帳」(6)「療育手帳」(7)「精神障害者保健福祉手帳」(8)がある。これらの手帳を，取得することで自身が障害者であることを証明するだけでなく，一部の直接税の減額もしくは免額，公共施設（美術館や映画館など）の利用料の減額もしくは免額，一部公共交通機関の運賃割引などのさまざまな優遇を受けることができる。各種手帳によって，申請方法や認定方法

表7-7 障害児支援強化に関する今後の課題

地域における「縦横連携」を進めるための体制づくり	①児童発達支援センター等を中心とした地域支援の推進 ②入所施設の機能の活用 ③障害児相談支援の役割と拡充の方向性 ④支援者の専門性を活かすための協働・連携の推進 ⑤地域内の関係者の連携を進めるための枠組みの強化 ⑥行政主体間の連携・市町村の関与のさらなる強化等
「縦横連携」によるライフステージごとの個別の支援の充実	①保育，母子保健等と連携した保護者の「気づき」の段階からの乳幼児期からの障害児支援 ②教育支援委員会等と連携した小学校入学前の障害児の支援 ③学校等と連携した学齢期の障害児の支援 ④就労支援等と連携したうえでの学校卒業後を見据えた支援
継続的な医療支援等が必要な障害児のための医療・福祉の連携	①発達障害児への対応のための支援者のスキルアップ等 ②重症心身障害児者等に係る在宅医療等との連携
家族支援の充実	①保護者の「子どもの育ちを支える力」の向上 ②精神面でのケア，カウンセリング等の支援 ③保護者等の行うケアを一時的に代行する支援の充実 ④保護者の就労のための支援 ⑤家族の活動の活性化と障害児の「きょうだい支援」
個々のサービスの質のさらなる確保	①一元化をふまえた職員配置，専門職の確保等 ②入所施設の生活環境の改善等 ③障害児の利用する障害福祉サービス等の拡充・適用拡大に向けた検討

出所：厚生労働省「今後の障害児支援の在り方について（報告書）——「発達支援」が必要な子どもの支援はどうあるべきか」2014年をもとに筆者作成。

も異なるが，障害の程度を等級によって表し，等級ごとに優遇される内容は異なる。

― コラム6 ―

療育とは何か

　療育という用語は，わが国の障害児支援の場でよく使用されている。療育とは「治療」と「教育（保育）」をあわせて行うことを意味し使用されることが多い。しかし，法律上では明確な定義はされていない。

　療育という用語は，高木憲次が主に肢体不自由児を対象に1942（昭和17）年にその概念を初めて提唱した。高木は，「療育とは現代の科学を総動員して不自由な肢体をできるだけ克服し，それによって幸いにも回復したる回復能力と残存せる能力と代償

能力の三つの総和（これを復活能力と呼称したい）であるところの復活能力をできるだけ有効に活用させ，以て自活の途の立つように育成することである」とし，これを高松鶴吉が，障害全体にその概念を広げて「療育とは医療，訓練，教育，福祉などの現代の科学を総動員して障害を克服し，その児童が持つ発達能力をできるだけ有効に育て上げ，自立に向かって育成することである」と定義している。障害児支援を行う際，療育という用語は多く使用されるが，療育に対して医療と教育（保育）が共通の認識ももって地域の障害児支援に取り組むことが大切である。

出所：高松鶴吉『療育とはなにか──障害の改善と地域化への課題』ぶどう社，1990年をもとに筆者作成。

第4節　少年非行等への対応

（1）非行の現状と動向
1）非行少年とは

非行少年とは，表7-8のとおり，犯罪少年・触法少年・ぐ犯少年の3種類に分けられる。養護性の高い者，家庭環境に問題があったり，年齢が低い者に対しては児童福祉法にもとづく指導措置が行われる。また，14歳以上で罪を犯した少年はすべて家庭裁判所に送るという全件送致主義がとられており，罪状に応じた保護処分の対象となっている。

「非行」という行為に対しては，児童福祉法では，要保護児童として指導措置がとられている。また，少年法では犯罪少年として保護処分の対象となっている。

児童福祉法と少年法という2つの法律により，その罪状よりも年齢や非行の程度等を考慮したさまざまな対応がなされている。

2）非行少年の動向

非行少年については，戦後70年の少年犯罪の歴史を遡っても，大きな変化は見受けられない。統計的な面でみるならば，そのピークだけを取り上げれば増加傾向にあったといえる。非行の特徴としてその時代の社会情勢を反映して，それぞれ説明されている。

表7-8 非行少年（犯罪少年，触法少年，ぐ犯少年）の分類

非行少年	犯罪少年	犯罪行為をした14歳以上20歳未満の者（少年法第3条第1項第1号）を指し，刑事責任能力があるとされ犯罪行為をすると警察に検挙され，家庭裁判所に送致される。犯罪によっては逮捕（鑑別所への収監）される場合もある。犯罪少年は，家庭裁判所の保護処分を受ける。
	触法少年	刑罰法令に触れる行為をした14歳未満の者（少年法第3条第1項第2号）を指し，自身の責任能力等が十分でないことを考慮し代わりに保護者の責任能力を問うことを優先する。補導された少年は警察から家庭裁判所への送致ではなく保護者に監護させるのが不適当と判断された場合には児童相談所に通告され，児童福祉法に基づく指導の対象となる。
	ぐ犯少年	刑罰法令に該当しないぐ犯事由（【ポイント整理】参照）があって，将来，罪を犯し，又は刑罰法令に触れる恐れのある20歳未満の者（少年法第3条第1項第3号）を指し，ぐ犯事由に応じて家庭裁判所送致もしくは児童相談所に通告され指導の対象となる。
不良行為少年		非行少年には該当しないが，飲酒，喫煙，家出等を行って警察に補導された20歳未満の者。

出所：法務省『警察白書 平成26年版』。

現在，「凶悪な少年犯罪」は増加してはいない。しかし，ひとり親家庭の増加，人と人とのつながりの希薄化，競争心をあおる学歴社会のなかで，特に，メディアによる誇張された報道により，凶悪な犯罪が多発しているような錯覚に陥りやすく，これにより，凶悪な犯罪に対する警戒から子どもの犯罪に関する厳罰化が進もうとしている。子どもの犯罪は，子どもの成育歴や社会環境に大きく影響される。私たち一人ひとりが，多くの子どもたちに目を向け，より良いつながりのある社会を築くことが大切であり，子どもの犯罪を抑制していくことにつながるものと考える。

（2）非行の理解と支援

1）支援と対応

私たちの日常生活のなかで，少年犯罪の増加・凶悪化を訴える報道が毎日のように繰り返されている。その根拠として説明される，総数（割合）と犯罪種別からみえる実態にはかなりの隔たりがあり（図7-4参照），背景に司法の体制・施政の変更による変化がみえてくる。

第7章 児童を取り巻く環境と課題

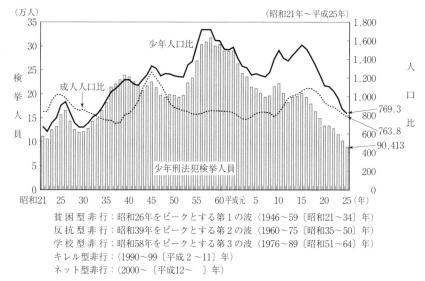

図7-4 少年による刑法犯 検挙人員・人口比の推移

注：1）警察庁の統計，警察庁交通局の資料及び総務省統計局の人口資料による。
　　2）犯行時の年齢による。ただし，検挙時に20歳以上であった者は，成人として計上している。
　　3）触法少年の補導人員を含む。
　　4）昭和45年以降は，自動車運転過失致死傷等による触法少年を除く。
　　5）「少年人口比」は，10歳以上の少年10万人当たりの，「成人人口比」は，成人10万人当たりの，それぞれ刑法犯検挙人員である。
出所：法務省『犯罪白書 平成26年版』。

　少年による特異な犯罪内容等が指摘され「いわゆる犯罪の質が変化した……」といわれているが，戦前戦後の方が現在の犯罪よりも病的と思われる事件が数多く発生している。さらに，近年のマスコミ報道の変化（量的・質的）には「少年非行の増加・凶悪化」というイメージを抱かせる記事（不登校・引きこもり等，非行とは関係のない事案・結びつかないとはいえないが）が多く見受けられている。児童相談所で扱う警察からの「児童通告書」からも，その内容に変化（例：繰り返される窃盗→飴やガムの万引き，店員に追いかけられての暴行：取り押さえられた手を払いのける行為→強盗，店員が転んでけがでもすれば強盗傷害事案）がうかがえる。
　犯罪行為の事案・内容の変化，そして統計的にも絶対数の減少もあり，少な

くとも少年犯罪は減少している。しかし，筆者の現場経験をもとに考察すると，児童相談所等でかかわったこどもたちには，「非行という行為」が問題行動であるという理解に乏しく，「善」「悪」の判断が適切にできない子どもが少なくなかった。そのような子どもの家庭では，子どもに関心を示さない親，経済的にゆとりのない親，子どもの居場所をつくろうとしない親などがみられた。また，学校等，育ちそびれた子どもたち，心の育ちがされなかった子ども，ゲーム感覚で，リセットさえすれば甦る主人公（命），日常生活のなかでさえ課題の解決に向けた行為・行動を避けた（考えることから逃避）生活をしている子どもたちがいた。

　子どもたちが生活している家庭・学校・地域という限られた空間のなかで，子どもたち一人ひとりが抱える心の問題について，一様に取り扱うことはできない。このことは，支援にかかわる多くの人が認識しているが，現実的な対応に結びついていない。目の前にある課題への対応に追われ，これらの子どもが抱える問題に気づくことができない。また，気づいてはいるものの支援に結びつけられない。

　非行や虐待をはじめとする社会的養護を必要とする子どもへの支援のひとつに，加害者・被害者への支援に共通する子どもの「心」への尊重（偏重）が重要視される。被害者として子どもの「心」への介入に結びついてしまっている。「子育て」支援を看板に掲げながらも，現実は，子育てと就労・社会参画の両立困難である。子育てにかかわる環境の整備，子育てに対する社会的支援の少なさ，こうした要因が複合して，子育てに対する負担感が増してきていることが，児童虐待をはじめとする問題化してきた大きな要因となっており，貧困などを要因とする社会病理から子どもの人権擁護を尊重すべく，家族病理として考えていく必要がある。

　貧困を要因として非行や虐待が相互に連鎖の関係にあるといわれているが，すべての貧困世帯に虐待があるわけではない。また，そこで育った子どものすべてが非行に走るわけでもない。逆境のなかでも周囲の理解と支援により，そして子ども自身の自助努力により成長し，また，周囲の関係により育まれてい

る子どもたちも少なくない。

　虐待やDV・非行における最大の被害者は子どもである。結果として一番傷つくのは子どもたち自身であることを支援の基本として対応することが大切である。

コラム7

非行の芽生える時期は

　非行とは，「その子の性格，能力，成育環境などさまざまな要因が絡みあって起きた一時的な行動」「一時期だけ社会からはみ出さざるを得なかった子どもの起こした行動」としてとらえてみると，どんなに今が荒れていても，その子の可能性を信じて働きかけることができるのではないだろうか。

　それでは，子どもが「非行」という行動を示す時期（初発非行）はいつごろなのか，筆者がある時期の1年間に受理した児童相談所における非行関連の相談件数，および数年後の同じ内容の相談件数の統計的な割合を調査した結果，下記のとおりであった。

　初発非行は，11歳（小5），8歳（小2），12歳（小6），10歳（小4）の順，また，これらの児童について非行の芽生えが把握できた時期は，9歳（小3），5歳以下，11歳（小5），6歳，12歳（小6）の順であった。こうしてみると，問題の兆候は具体的に発見される2～3年前，つまり幼児期における，「躾」「養育環境」の問題が少なくなく，小学校2～3年の段階で学習不適応の現れが出ていると思われる（幼児期から児童期初期に目を向ける必要がある）。

　出所：筆者作成。

2）非行と保育士の役割

　非行に対して子どもたちのニーズに気づき，必要な支援が提供できる保育士になるには何が必要なのか。もちろん，子どもたちから慕われ，子どもが今の心の思いを伝えやすい支援者であることは必須である。そして，子どもたちの日々の変化に敏感になること。さらに，一人ひとりの心に向かい合える支援者になることが大切である。心に向かい合うとは，子どもを受け入れるときには受け入れ，間違っていると思ったことに対しては子どもの状況に適切に対応し，ときには毅然と対応することである。

　保育士に求められる子育て支援において毎日の生活のなかで「安心・安全」

を提供することがもっとも重要である。安心は安全が確保されたなかで提供できるものであり，乳幼児期における支援の多くには「子どもの人格に影響する」ものが多く存在している。保育士は人間の一番大切な時期に，ときとして，子どもの一番大切な親代わりになる存在でもある。子どもの「甘え」の行為の背景にある意味を十分に理解し，子どもから学ぶ姿勢を忘れず支援することが大切である。このような一つひとつの子どもに対する支援が，子どもの心を育てていくことになる。

【ポイント整理】

○児童虐待対応件数の増加
　児童相談所で虐待通報および相談に対応した件数（疑いもふくまれており，発生したすべての件数ではなく寄せられた相談件数）。

○ぐ犯事由
　保護者の正当な監督に服さない性癖がある。正当な理由がなく家庭に寄りつかない。犯罪性のある人もしくは不道徳な人と交際し，またはいかがわしい場所に出入りする。自己または他人の特性を害する行為をする性癖があること等，これらのいずれかの状態にあって，このままにしておくと将来違法行為をする恐れがあるかどうかが判断の基準とされている。

○少年法の改正・厳罰化
　少年法・少年院法が2007（平成19）年に改正・刑事罰の対象年齢の引下げ（16歳以上から14歳以上）と有期刑の上限の引上げ，また，厳罰化が進む一方で少年院に収容できる年齢が従来14歳以上であったものがおおむね12歳にまで引き下げられ，小学校5年生程度の年齢の子どもまでも，少年院への収容ができることとなる。
　さらに，2015（平成27）年に決まった選挙権年齢の引下げにともなう少年法の適用年齢の引下げ（20歳から18歳）等が現在，国政の場で議論されている。

【振り返り問題】
1　児童虐待やDV・非行を生み出す環境・要因と，防止に向けた保育士の役割について考察してみよう。
2　社会的養護における家庭養護と施設養護をふまえて，要保護児童にとって適切な環境は何か考えてみよう。

3 虐待児童のなかには，発達障害のある児童もいる。発達障害について調べてみよう。
4 社会的養護を必要とする児童の環境とは，どのような環境なのか具体的に考えてみよう。
5 次の文章で誤っている文章を選びなさい。
　＊わが国で障害児支援の強化課題とされる「縦横連携」において，幼児期の発達障害に対する支援として適切な関係機関を考えてみよう。
　＊児童発達支援とは，日常生活における基本的な動作の指導，知識技能の付与，集団生活への適応訓練などを指しているが具体的な内容について障害を決めて調べてみよう。
　＊障害者手帳にはどのような利点があるのか考えるとともに普及がさらに進むためにはどのような支援が必要か考えてみよう。

〈注〉
(1) 1989年に採択された国際人権規約のひとつである「児童の権利に関する条約」に規定されている。
(2) 生まれもったこと。ここでは，生まれたときから障害があることを指す。
(3) 生まれたあとに備わること。ここでは，出産後に病気や事故などのさまざまな要因によって障害のあることを指す。
(4) 統合失調症とは，幻覚や妄想という症状が特徴的な精神疾患のこと。以前は精神分裂症が正式病名であったが，統合失調症に名称変更された。
(5) 年齢にともない変化する生活段階のこと。
(6) 身体障害者福祉法に定める身体上の障害がある者に対して，都道府県知事，指定都市市長または中核市市長が交付する手帳のこと。障害の種類別に障害等級が重度の側から1～6級に定められている。
(7) 精神保健福祉法に定める精神に障害がある者に対して，一定の精神障害の状態にあることを認定し，各種の支援策を講じやすくし，精神障害者の社会復帰，自立および社会参加の促進を図ることを目的として，都道府県知事または指定都市市長が交付する手帳のこと。障害の状態により，障害等級が重度の側から1～3級に定められている。
(8) 知的障害児・者に対して，一貫した指導・相談，各種の援助措置を受けやすくすることを目的に都道府県知事，指定都市市長または中核市市長が交付する手帳のこと。別名で表記することも可能で自治体によっては，「愛の手帳」「みどりの手帳」のように手帳を表記することもある。障害の程度と判定基準を重度(A)とそれ以外(B)と定めている。

〈参考文献〉

「群馬県児童死亡事案検証報告書」平成26年3月。

厚生労働省『厚生労働白書 2014年版』・法務省『犯罪白書 2014年版』。

厚生労働省「今後の障害児支援の在り方について（報告書）――『発達支援』が必要な子どもの支援はどうあるべきか」2014年。

厚生労働省「里親になりませんか？」2014年。

厚生労働省「社会的養護の現状について（参考資料）」2015年。

厚生労働省「社会的養護の将来像と実現に向けて」2015年。

高松鶴吉『療育とはなにか』ぶどう社，1990年。

内閣府『障害者白書 2015年版』。

【文献案内】

下野新聞子どもの希望取材班『貧困の中の子ども――希望って何ですか』ポプラ新書，2015年。
　――2014年1月1日から6月29日まで下野新聞に連載された「希望って何ですか　貧困の中の子ども」に加筆・修正して，子どもの貧困を多角的な視点からみつめ，懸命に生き，働きながらも貧困から抜け出せない子どもに向かう社会のひずみ，みえざる貧困の実態から，子どもの貧困を伝えており，子どもの貧困を考えるための必読の書。

日本子ども家庭総合研究所編『子ども虐待対応の手引き』有斐閣，2014年。
　――毎年増加し続ける子ども虐待の実態とその対応について解説されており，だれしもが遭遇し得る虐待対応における初期的な対応についてわかるものとなっている。

　　　　　　　　　　　（第1節・第4節　岩崎裕一，第2節・第3節　大屋陽祐）

第8章
児童家庭福祉の動向と展望

本章のポイント

　これまでみてきたように，戦後日本の児童家庭福祉政策は，さまざまな課題を抱えながらも着実に進展してきました。しかし，国をあげての努力にもかかわらず，少子化の進行，増加の一途をたどる児童虐待，待機児童の問題など，なかなか改善の傾向がみられない社会問題も少なくありません。

　その背景のひとつに，1990年代以前の児童家庭福祉が，地域子育て支援，母子保健，育児休業，児童手当などの制度ごとに財源や実施主体等が分断されていたことで，子育て支援のための包括的な取り組みや施策の進展につながりにくかったという問題があります。

　本章では，こうした問題意識のもと，2003（平成15）年以降に日本が推進してきた「次世代育成支援」という新しい取り組みと，地域における専門機関の連携について学びます。このことを通じて，「孤立と分断の社会」を「共生と連帯の社会」に変えていくために，私たちができることは何かを考えてみましょう。

第1節　次世代育成支援と児童家庭福祉の推進

（1）新しい子育て支援施策としての「次世代育成支援」

「次世代育成支援」は，「次世代を担う子どもやこれを育成する家庭を社会全体で支援すること」とされ，「社会の連帯による子どもと子育て家庭の育成・自立支援」を基本理念に，新たな「次世代育成支援システム」を築こうとする

ものである。それまでは福祉の領域における施策のひとつとして行われていた子育て支援サービスを,「すべての子育て家庭」を対象とした「より一般的で普遍的な施策」に転換し,総合的,包括的な子育て支援体制の整備を図りながら,近年の少子化・子育て支援施策を推進してきた。

　財政面でも地域性,総合性を確保することで地域の共助を推進し,さらに,特別な対応を必要とする家庭に対するソーシャルワーク機能の確保をも基本方針に盛り込むことで,高齢者の介護保険の創設と同様,子育てを社会全体で支援し,保障していこうという姿勢を明確にしている。

(2) 次世代育成支援のための法律

　この次世代育成支援システムの構築に向けて,2003(平成15)年には,新しい法律「少子化社会対策基本法」「次世代育成支援対策推進法」が誕生し,児童家庭福祉の新たな展開を推進してきた。

　ここではまず,この2つの法律についてみてみよう。

1) 少子化社会対策基本法

　少子化社会対策基本法は,急速な少子化の進行を受けて成立したもので,「家庭や子育てに夢を持ち,かつ,次代の社会を担う子どもを安心して生み,育てることができる環境を整備し,子どもがひとしく心身ともに健やかに育ち,子どもを生み,育てる者が真に誇りと喜びを感じることのできる社会を実現し,少子化の進展に歯止めをかけること」を目指している。

　具体的には,施策の基本理念や,国・地方公共団体・事業主・国民等の責務について規定するとともに,「保育サービスの充実」「地域社会における子育て支援体制の整備」「母子保健医療体制の充実」「子育て家庭における生活環境の整備や経済的負担の軽減」等の施策を推進すべきことが定められている。

2) 次世代育成支援対策推進法

　次世代育成支援対策推進法(以下,次世代法)は,仕事と子育てを両立できる職場環境の整備・拡充を目指して制定された法律である。この法律により,すべての都道府県,市町村は,2005(平成17)年度から5年を1期として「行動

計画策定指針」(次世代法第7条にもとづいて国が定めた次世代育成支援対策の効果的な推進を図るための指針)にもとづいた地域行動計画を策定すること,また,国,地方公共団体等(特定事業主),および従業員301人以上の事業主は「事業主行動計画」を策定することが義務づけられた(「事業主行動計画」とは,企業が,従業員の仕事と子育ての両立を図るための雇用環境や多様な労働条件の整備などに取り組むにあたり,計画期間・目標・目標達成のための対策や実施時期等を定めたものを指す)。これを受けて企業は,男性社員の育児休暇取得の促進や,女性社員の出産・育児をサポートする制度の充実など,仕事と子育てを両立させることのできる雇用環境の整備に取り組んでいる。

次世代法は,当初2013(平成25)年度までの10年間の期限つきで成立したが,次世代育成支援対策のさらなる推進・強化を図るために2014(平成26)年4月に10年間延長され,現在では2024(平成36)年度までを期限としている。

コラム1

くるみん認定

次世代法にもとづき,行動計画を策定した企業のうち,行動計画に定めた目標を達成し,一定の基準を満たした企業は「子育てサポート企業」として厚生労働大臣の認定(くるみん認定)を受けることができる。この認定を受けた企業の証が「くるみんマーク」で,2015(平成27)年12月末時点で2,138社が認定を受けている。また,2015(平成27)年4月からは,くるみん認定をすでに受け,高水準の取り組みを行っている企業の継続的な活動を促進するため,「プラチナくるみん認定」が行われている。

出所:厚生労働省HP「職場における子育て支援」(www.mhlw.go.jp/stf/seisakunitsuite/bunya/kodomo/shokuba_kosodate/kurumin, 2016年2月15日閲覧)。

---

(3) 次世代育成支援の進展

次に,これら新しくつくられた法律のもとに進められてきた次世代育成支援

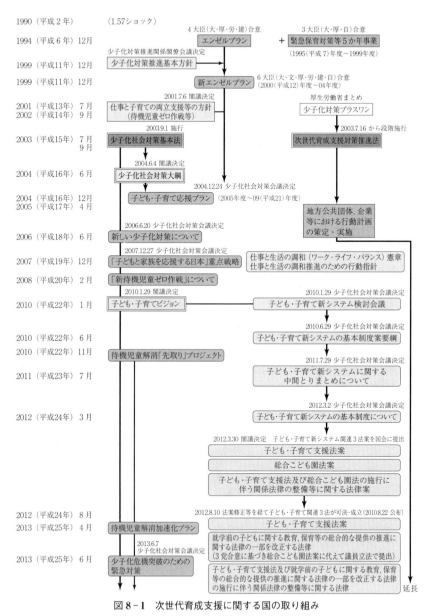

図 8-1 次世代育成支援に関する国の取り組み

出所：内閣府子ども・子育て本部HP「少子化対策」（http://www8.cao.go.jp/shoushi/shoushika/date/torikumi.html, 2016年2月15日閲覧）。

の進展をみてみよう。図8-1は，1990（平成2）年の1.57ショック以降，エンゼルプランを経て「少子化社会対策基本法」と「次世代育成支援対策推進法」の立法に至るまでの流れと，その後の子育て支援に関する国の主な取り組みを示したものである。

1）子ども・子育て応援プラン

少子化社会対策基本法を受けて，総合的かつ長期的な施策としての「少子化社会対策大綱」が2004（平成16）年に閣議決定され，同年12月には大綱の実施計画として「子ども・子育て応援プラン」が策定された。

少子化社会対策大綱では，「子どもが健康に育つ社会」「子どもを生み，育てることに喜びを感じることのできる社会」への転換を緊急課題とし，少子化の流れを変えるための施策に集中的に取り組むとしている。これを受けて，子ども・子育て応援プランでは，少子化社会対策大綱の4つの重点課題にそって，国が地方公共団体や企業等とともに計画的に取り組むべき事項について，2005（平成17）年度から2009（平成21）年度までの5年間に講ずる具体的な施策内容と目標を掲げている。

エンゼルプランや新エンゼルプランが，保育関係事業を中心に目標値を設定していたのに対して，子ども・子育て応援プランでは，若者の自立や働き方の見直しなどもふくめた幅広い分野で具体的な目標値を設定している点に特徴がある。

2）「子どもと家族を応援する日本」重点戦略

一方，2005（平成17）年の合計特殊出生率が1.26と過去最低を記録し，予想以上に少子化が進行したため，2007（平成19）年12月の少子化社会対策会議で「子どもと家族を応援する日本」重点戦略（以下，重点戦略）が取りまとめられた。重点戦略では，就労と出産・子育ての二者択一構造を解決するためには，「働き方の見直しによる仕事と生活の調和（ワーク・ライフ・バランス）の実現」とともに，その社会的基盤となる「包括的な次世代育成支援の枠組みの構築」にも同時並行で取り組んでいくことが必要不可欠であるとされた。また，働き方の見直しによる仕事と生活の調和の実現に向けて，「仕事と生活の調和

（ワーク・ライフ・バランス）憲章」および「仕事と生活の調和推進のための行動指針」を決定している。

　さらに，重点戦略をふまえ，2008（平成20）年，厚生労働省は，希望するすべての人が安心して子どもを預けて働くことができる社会を実現し，子どもの健やかな育成に社会全体で取り組むため，保育所等の待機児童解消をはじめとする保育施策を質量ともに充実・強化し，推進するための「新待機児童ゼロ作戦」を発表している。

コラム2

「1.57ショック」と"1.26ショック"

　1989（平成元）年の合計特殊出生率（女性1人が一生の間に産む平均子ども数）が1.57と戦後最低となり「1.57ショック」と呼ばれていることはよく知られている。

　これを契機に国はエンゼルプランをはじめとするさまざまな少子化対策に乗り出したが，その後も少子化に歯止めがかからず，2005（平成17）年には，1899（明治32）年に人口動態の統計をとり始めて以来，初めて出生数が死亡数を下回り，出生数106万人，合計特殊出生率1.26と，いずれも過去最低を記録した。

　この"1.26ショック"ともいうべき予想を上回る少子化の急速な進行に対処するために，2006（平成18）年6月，内閣府による少子化社会対策会議が開催され，「新しい少子化対策について」が決定された。ここでは，親が働いているかいないかにかかわらず，すべての子育て家庭を支援するという視点が示されるとともに，子どもの成長に応じて子育て支援のニーズが変化することに着目し，妊娠・出産から子どもの青年期に至るまでの年齢進行ごとの子育て支援策が掲げられている。

出所：筆者作成。

3）子ども・子育てビジョン

　2009（平成21）年，内閣府に「子ども・子育てビジョン（仮称）検討ワーキングチーム」が設置され，翌2010（平成22）年には，子ども手当の導入，高校教育の実質無償化等の施策の実施に向けて，保育サービス等をふくめた総合的な「子ども・子育てビジョン」が閣議決定された。「子ども・子育てビジョン」では，子ども・子育て支援施策を進めるうえで，①生命（いのち）と育ちを大切にする，②困っている声に応える，③生活（くらし）を支える，の3つを大切

な姿勢として掲げている。

また，このことにあわせて，保育サービスや放課後児童対策など子育てを支える社会的基盤の整備，仕事と生活の調和等を中心とする今後5年間の新たな数値目標が定められた。

4) 待機児童解消加速化プラン

都市部を中心に深刻な問題となっている待機児童解消の取り組みを加速させるため，2013（平成25）年4月，厚生労働省は新たに「待機児童解消加速化プラン」（以下，加速化プラン）を策定し，待機児童解消に意欲的に取り組む地方公共団体に対しては，2015（平成27）年度の子ども・子育て支援新制度の施行を待たずに，その取り組みを全面的に支援することとした。

加速化プランでは，2013（平成25）年，2014（平成26）年度を「緊急集中取組期間」とし，2年間で約20万人分の保育の受け皿の確保を目指し，子ども・子育て支援新制度がスタートする2015（平成27）年度から2017（平成29）年度までを「取組加速期間」としている。さらに，保育ニーズがピークを迎える2017（平成29）年度末までに，潜在的な保育ニーズもふくめ，あわせて約40万人分の保育の受け皿を確保し，待機児童の解消を目指している。

5) 子ども・子育て支援新制度

こうした国を挙げてのさまざまな少子化対策にもかかわらず，少子化の進行に歯止めがかからないことから，2012（平成24）年8月には「子ども・子育て関連3法」（第2章参照）が制定された。これは，「子どもがほしいという希望が叶い，子育てしやすい社会」を実現するため，質の高い幼児期の学校教育・保育の総合的な提供や，地域の子ども・子育て支援の充実を目指したものである。

この子ども・子育て関連3法を受けて，子ども・子育て支援は，2015（平成27）年4月から新制度へと移行した（「子ども・子育て支援新制度」の詳細は第2章参照）。新制度により，市区町村は「子ども・子育て支援事業計画」に基づいて，各地域の特性やニーズに即して子育てをめぐる課題の解決を目指し，より柔軟に制度運営・サービス提供を行うことが求められるようになった。さらに，内閣府から出された保育の必要性の認定制度にもとづき，支給認定を受けた子

どもを保育するための供給体制の確保が義務化されるなど，市区町村の権限と責任が大幅に強化された。

（4）次世代育成支援の課題と展望

2003（平成15）年度から2023（平成35）年度までの20年間にわたり推進中の次世代育成支援の取り組みは，企業における雇用環境の整備や待機児童問題の一部解消など，一定の成果を挙げている。日本の合計特殊出生率は，2005（平成17）年の1.26以降，表8-1のように少しずつ上昇の傾向にあり，「子どもを生まない，育てない社会」から「子育てしやすい社会」への道が拓きつつある。

しかし，子育てに関する社会状況はより複雑化してきている。2014（平成26）年には「子どもの相対的貧困率」が過去最悪の16.3％となったこと（6人に1人の子どもが貧困とされる「子どもの貧困」問題），同じく2014（平成26）年度の児童虐待への相談対応件数が8万8,931件と24年連続で過去最多を更新したことなど，保護・支援を必要とする児童への対応は決して十分とはいえず，今後に残された大きな課題である。

こうした「孤立と分断の社会」を「共生と連帯の社会」に変えていくためには，行政や企業に依存するのでなく，私たち一人ひとりの具体的な行動や取り組みが何よりも重要である。行政や企業は，いわば子どもたちが水を飲むための器をつくる，あるいは器や水を用意するための枠組づくりをする立場である。そして，目の前にいる子どもを器のあるところに連れて行って水を飲ませるのは，その子の喉が渇いていることを知っている身近な人びと，つまり地域の子どもたちに日々接する保育者をはじめ，地域住民としての私たちにほかならない。行政がいかにすぐれた施策を打ち出し，潤沢な資金を準備したとしても，私たち地域住民が，必要なとき，必要な行動に出なければ，施策は画に描いた餅にすぎない。目の前の子どもに対して私たち一人ひとりが関心をもち，日々できることに取り組む意識と姿勢が大切である。

この点で，2012（平成24）年，東京都大田区の八百屋の店主が始めた「子ども食堂」が，その後全国各地に広がり，食事を満足に摂ることのできない子ど

表 8-1　過去10年間の合計特殊出生率の経緯　　　　　　　　（人）

2005年	2006年	2007年	2008年	2009年	2010年	2011年	2012年	2013年	2014年
1.26	1.32	1.34	1.37	1.37	1.39	1.39	1.41	1.43	1.42

出所：厚生労働省「人口動態調査」をもとに筆者作成。

もやその家庭を支援する場となり，さらに地域の交流の場ともなっている例は注目に値する。ひとりの住民の行動に始まり，地域のボランティアと協働しつつ全国化した「こども食堂」に対して，2017（平成29）年度から，厚生労働省が補助制度を設けようとしている。

人と人とが真につながる社会，子どもと子育てにやさしい社会とは，本来，こうしたボトムアップの活動に支えられるべきものであることを忘れてはならないだろう。

コラム 3

子ども食堂

「子ども食堂」は，2012（平成24）年，東京都大田区の八百屋「だんだん」の店主が，家庭の事情で給食以外はバナナしか食べていない子どもが近所にいるという話を耳にしたことがきっかけとなり，八百屋の店舗を利用して，子ども一人でも入れる食堂を開いた。子どもが低額または無料で手づくりの温かいご飯を食べられる場所で，地域の人たちと食卓を囲み，宿題をしたり，遊んだりもできる。おとなも低額で食事ができ，子どもが食べ終わった後に，地域の人びとが子育てや生活について語り合う交流の場にもなっている。

現在では，東京都内各所をはじめ全国に増えつつあり，運営母体は NPO 法人や社会福祉法人，社会福祉協議会などさまざまである。滋賀県では，福祉関係団体でつくる「滋賀の縁創造実践センター」が，2015（平成27）年に「淡海子ども食堂」としてモデル事業を始めた。本年度中に県内14か所に設け，2018（平成30）年度末までに300か所に拡大させるという。福岡県北九州市は日本初の自治体による子ども食堂設置の準備を進めている。

こうした動きを受け，厚生労働省も，ひとり親家庭などの子どもに食事を提供する地域の居場所に対し，2016（平成28）年度から補助制度を設ける方針を打ち出している。

出所：『京都新聞』2015年8月31日掲載記事等をもとに筆者作成。

第2節　保育・教育・療育・保健・医療等との連携とネットワーク

　児童家庭福祉において各機関と連携していくことは重要な意義がある。児童あるいは児童のいる家庭支援は前述のように多様であり，支援側はこの多様な支援を迅速に提供しなければならない。ひとつの機関だけではむずかしい対応を，連携をとり可能としていく取り組みが必要である。また，支援のためのネットワークを深化させることにより，地域社会にとって，そして支援者自身にとって有用なものとする必要がある。ここでは連携とネットワークについて解説する。

（1）地域ネットワークの現状

　保育士をはじめ福祉の専門職や教員など専門的な業務を役割としている人びとは，より専門的でさらに多職種との連携が求められる時代となっている。たとえば，保育士は乳幼児の保護育成というだけでなく，地域の子育て家庭への相談支援もその役割となっている。さらにこうした業務には，専門性にもとづいた業務の説明責任が求められているため，実施内容と実施結果等を記録し，必要なときに説明をする必要がある。そのため，こうした業務の場では，準備と記録の時間に多くの時間が割かれるようになってきている。多くの職場では，多忙で互いに業務を深く理解できないまま危急に必要なことを依頼しあっているため，互いの力を出しあい協力しあうまでに至っていないのが実情である。

　地域で生活している人もまた，それぞれの生活のために働き暮らしている。生活サイクルやライフスタイルも多様である。隣の人がどのような人なのか知らない，挨拶も交わしたことがないなど，地域の人と人のつながりが薄れてきたといわれて久しい。それぞれの生活のために必要な場面で必要に応じて関係づくりが行われてミクロ，メゾ，マクロ，それぞれの部分でのつながりが希薄になり，個々が孤立し必要なときに必要な情報が得られない。相談できない。互いが協力しあえない，といった状況が今の地域社会の特徴ともいえる。

第 8 章　児童家庭福祉の動向と展望

コラム 4

ミクロ・メゾ・マクロ

　ソーシャルワークの分類方法のひとつにミクロ・メゾ・マクロがある。ミクロは支援対象となる人や家庭などの小領域を指す言葉である。メゾはその人を取り巻く地域社会などの中領域を指す言葉であり、マクロは支援者が住む社会などの広域の地方公共団体や国などの大領域を指す言葉である。支援対象となる人とのかかわりは、ミクロからメゾ、マクロへと広がり、相互に関連をもっている。したがって子どもや家庭のニーズや課題は、地域の課題であり、社会のシステムの問題となるという視点をもって支援に取り組む必要がある。

出所：田中利則ほか編著『子どもの生活を支える相談援助』ミネルヴァ書房、2015年をもとに筆者作成。

エピソード 1

あかねちゃんと保育所《生活リズム》

　立花あかねちゃん（仮名）は3歳から保育所を利用している。朝はいつもお腹がすいているのか元気がなく、少し眠そうです。近くに住む同じ保育所に預ける保護者の方から、「いつもお父さんの帰りが遅く、夜遅くファミリーレストランに行っているのをみかけるの」との話があった。お迎えのときや連絡ノートで母親と話をするなど状況を確認した。そしてお迎えのときなどを利用して、あかねちゃんにとって生活リズムを整える必要性を話してきた。しばらくして父親から、「一緒に夕飯を食べられないけれどがまんします」などの話があり、早寝早起きをし始めたのか、朝食を食べて元気に登園する姿がみられるようになった。

出所：筆者作成。

（2）地域コミュニティの意義

　「人が地域をつくり暮らす」あるいは「人が社会をつくる」ことは、人類の歴史のなかで営まれてきたことである。何万年も前から人は集団をつくり、お互いに協力しあって暮らしてきた。田や畑で作物をつくり、外敵からお互いを守り、やがて国を造り始めたのが人である。子どもらも地域のなかで成長・発達を保障しあってきた。子守や遊びのなかで互いの命を守り、人を知り規則を知り互いに成長し、未来を創る力と希望を培ってきたのである。次の世代を育て、あるいは村落を互いに守り、ひいては国を意識し協同して暮らしてきた。

このように，人が社会をつくり社会が人を育ててきたのが人間社会である。地域コミュニティは，生活を互いに支えあうためのものであり，子どもらの成長にとっても重要な役割を果たしてきたのである。

コラム5

企業間の協同と保育

『中小企業白書』によると「技術の専門化や高度化が進んでいる昨今では，研究開発における他企業との連携の重要性も増してきている。連携を通じて各企業の『強み』を持ち寄り，不足する経営資源を相互に補完することで，市場ニーズに対応していく『事業連携』の動きも目立っている」とある。このように一企業だけでは，製品を売り続けることはむずかしくなってきている。宇宙を飛ぶロケットは数百，数千の企業の協業による。東京の下町の企業がロケットの先端部分をつくっていることは有名な話である。このように協同していくことは，大いなるものを創りあげ，より高みへと我々を導く可能性を秘めている。協同や連携は互いのためであり，利用者のため，未来の生活のためなのである。

出所：中小企業庁『中小企業白書 2007年版』2007年，第3部第5節をもとに筆者作成。

現代人の暮らしは一見便利にみえるが，子どもらは社会的なルールや規範を学ばずにおとなになることが多いといわれている。家族それぞれがいそがしく，世代で伝えるべきことが伝わっていない。また生活に必要な知識が学べていない。人との関係を学べず，社会的ルールを知らず，生活の方法を知らないおとなが増えきているといわれている。こうした地域に生活する人びとが，学び直しを可能とする地域をつくる必要性が生じている。それは個々の専門機関だけでできるのではなく，各機関が協同していくこと，互いの必要性から連携を図り，大きな問題としての地域の再生に取り組むことである。まさに，地域で必要なことを，ミクロの視点からメゾ，マクロの視点へと，子育てから住みよい街づくり，社会づくりへとつなげて転換していくことでもある。

第8章 児童家庭福祉の動向と展望

--- エピソード2 ---
あかねちゃんと保育所《学校との連携》

　立花あかねちゃん（仮名）は保育所を卒園し，自宅近くの小学校に入学した。卒園とともにあかねちゃんの弟の隆くん（仮名）が同じ保育所に入所してきた。入学前からあかねちゃんの様子を小学校に伝えていたが，5月になって再度話しあいが小学校の担任の先生から提案された。生活リズムはだいぶ良くなっているようであるが，勉強する意欲などに欠ける場面が多く，着てくる衣類もきちんと洗濯されていないとのこと。保育所でどのようにとらえていたのか，どのように声かけをしていたのか，聞きたいとのこと。今後，弟もふくめてどのように支援していくべきか話しあいをもつこととなった。話しあいには，小学校の担任と学童の指導員，保育所から隆君の担当保育士とあかねちゃんの元担当保育士が出席することとなった。
　保育所や学校などの一つの機関だけで問題の解決にあたることはむずかしい。課題や困難を抱えた家庭への支援は，さまざまな視点から支援していく必要がある。この事例では家庭への支援を地域のワーカーを交えて継続して話しあいをもち支援していこうということになった。
　出所：著者作成。

（3）保育におけるネットワーク
1）専門職との連携

　子どもの健康と安全を守るためには，互いに連携し日々の支援について確認しあう必要がある。それは子どもの命を守るための，日常的な対応の確認がミスを防ぎ適切な対応を取ることを可能するからである。またリスクを未然に防ぐことにつながる。そのためには保育所内の専門職を中心にした取り組みや関連する人びとの応援を得る必要がある。たとえばアレルギーのある子どもらへの食の提供に，栄養士による食材選びから調理，提供方法などの注意点を確認し，全職員による手順の確認と意思統一，ミスを防ぐための手立てが必要となる。仮にアレルギー症状が出てしまったときには，手順にしたがい確実に救命と悪化を防ぐ処置をしなければならない。これらのためにはアレルギーに対する知識と予防のための知識，誤って提供しないための手立ての確認など，栄養士・調理士だけでなく医師や看護師をふくめた保育所内の職員の連携が必要である。また，栄養士らを中心として地域の生産者，商店，食に関する産業など

食育やアレルギー対応などを視点として多様に広がる可能性を秘めている。たとえば地元産の木材を利用した給食用の食器の使用や地元の米や野菜などによる郷土料理の提供が挙げられる。

この他にも保健センター，保健所，病院や診療所などとの連携が挙げられる。このような連携が必要な例として，保育所内で利用者が医療を必要とする場面での対応方法や緊急時の対応，インフルエンザ予防などの保健的対応，市町村実施の各種保健サービスの実施後の情報をもとにした対応，助言が挙げられる。市町村実施の保健サービスとしては，乳児・1歳6か月検診，3歳児検診，生後4か月までの全戸訪問事業などがある。医療関係者だけでなく保育所，幼稚園，学校などと連携して地域に住む子どもらの健康と発達保障をどのように守り進めていくのか考えていくことが可能となる。

検診による病気や障害に対しては，医療機関と療育機関との連携により早期発見早期治療による問題や課題の軽減，および地域をふくめた環境の整備，子どもらの日々の変化などの情報交換や連携により適切な支援と療育を進めていくべきである。

2）虐待防止に関する連携

児童の虐待防止のため，発見者および相談を受けたもの，虐待の情報を受けたものは市町村の関係部門への連絡などの実施が必須である。また早期に対応を実施する必要がある。

日常的な関係機関との連携や地域のさまざまな結びつきは，虐待児の地域での早期の発見につながるだけでなく，虐待後の子どもたちや家庭支援への足がかりとすることもできる。虐待は保護者の問題だけでなく，保護者の成育過程，環境の問題が大きいからである。

地域には町内会や児童委員（民生委員）らによるネットワークがあり，保育所などの一つの機関だけでは気づくことのない情報が，地域住民や民生委員らをとおして福祉事務所や児童相談所に寄せられることも多い。地域で日常的につながる人々の目は，ときに重大事故を未然に防ぐこともある。また保育所の保護者同士の会話のなかからも，子どもの様子を把握することが可能である。

こうした生活基盤が同じ地域の人びとからの情報提供は貴重である。相談に訪れる人での地域の状況や家庭環境を知ることは，相談支援には欠かすことができないものである。

このようなことから，保育士は地域での子どもを守る地域ネットワークなどへ積極的に参画し，協力していくことが必要であり求められる。

3) 緊急時の連携

保育所や児童福祉施設などでは，起こる可能性がある大きな災害や火災，不審者の侵入など，一つの機関だけでは対応しきれず，子どもたちの命を守りきることもむずかしい場合がある。保育所や児童福祉施設などを中心として，近隣住民や関係機関との緊急時の連絡方法，支援・協力体制を構築していくことは，子どもたちの生命や健康を守ることにつながる。日常的なつながりとともに，災害を想定した訓練や協議は，地域の人びとがともに生活していることを確認し，地域の一員であるとの自覚などの意識改革にもつながる。また災害弱者は子どもだけでなく，妊産婦や高齢者，障害者なども該当し，互いに協力しあう必要がある。こうした協力やつながりは，保育所，児童福祉施設や学校周辺だけでなく地域全体に広げることで，不審者への対応や防犯，緊急に助けを必要とする人への支援などにおいても有効な礎となる。

保育にかかわる専門職としては，保育士以外に，嘱託医，看護師，栄養士，調理員が挙げられる。これらの専門職の保育所での役割は表8-2のとおりである。

4) 災害などの緊急時の連携

地域における子育て支援では，安心して利用できる環境の整備が必要と考えられている。

気軽に相談できる場所があるということは，子育てで悩む母親からすると安心できる場所があることであり心の支えである。保育所には児童福祉法第48条の3に，①保育所を利用していない子育て家庭に対して保育所機能の開放や体験保育，②子育て等に関する相談や援助の実施，③子育て家庭の交流の場の提供および交流の促進，④地域の子育て支援に関する情報の提供，とあり，地域

表8-2 保育所の専門職とその役割

職名	役割
嘱託医	発育・発達状態の評価，健康診断の実施と結果のカンファレンス 子どもの疾病および傷害と事故の発生時の医学的処置および医学的指導や指示 感染症発生時における指導指示，学校伝染病発生時の指導指示，出席停止に関する指導 予防接種に関する保護者および保育士等に対する指導 衛生器材・医薬品に関する指導およびその使用に関する指導等
看護師等	子どもや職員の健康管理および保健計画等の策定と保育における保健学的評価 子どもの健康状態の観察の実践および保護者からの子どもの健康状態に関する情報の処理 子どもの健康状態の評価判定と異常発生時における保健学的・医学的対応および子どもに対する健康教育 疾病異常・傷害発生時の救急的処置と保育士等に対する指導 子どもの発育・発達状態の把握とその評価および家庭への連絡 乳児保育の実践と保育士に対する保健学的助言等
栄養士	食育の計画・実践・評価 授乳，離乳食を含めた食事・間食の提供と栄養管理 子どもの栄養状態，食生活の状況の観察および保護者からの栄養・食生活に関する相談・助言 地域の子育て家庭からの栄養・食生活に関する相談・助言 病児・病後児保育，障害のある子ども，食物アレルギーの子どもの保育における食事の提供および食生活に関する指導・相談 食事の提供および食育の実践における職員への栄養学的助言等
調理員	食事の調理と提供，食育の実践

出所：厚生労働省「保育所保育指針解説書」をもとに筆者作成。

の子育て世代への支援が責務として定められている。児童や児童の保護者が必要としている情報の提供や相談などのサービスを受けやすくし，これらを地域の保育所などの施設や機関で連携しながら対応しようとするものである。こうした取り組みが，子育てをつらいものから楽しいものに変えていく一助となる。

保育所をふくむ児童福祉施設には，この他に保護者の急用のための一時保育も用意されている。急病や急用時だけでなく，子育てに疲れてしまったとき，冠婚葬祭などで家を離れなければならないときなどにも利用することができ，夜間を含めて子どもを預けることも可能である。保育士はこうした場合のために日常的な子育て世代とのつながりが必要で，安心して預けられる信頼関係をつくっておくことも重要である。また各機関と連携し子育て世代のニーズにあわせた対応が図れるようにしておかなければならない。このように地域での連携は，非常に重要な意義がある。

第8章 児童家庭福祉の動向と展望

> **コラム6**
>
> **信頼関係**
>
> 　信頼関係は互いの情報を共有する場合非常に重要である。情報を共有しあうためには，最低限のルールとしてのプライバシーの保護，各部署の倫理規定が挙げられる。機関ごとに集められた情報は守秘義務の対象として保護されるとともに，各機関のルールをもとに扱われる。
> 　利用者と支援者との信頼関係においては，「人権の尊重」の問題がある。人は社会的な存在であるゆえに，子どもにとって適切な環境であるならば，必ず人は成長し発達するということである。このことに信頼を置くことである。決して見捨てない，差別しない，区別しない，どの子も成長すると信じること，そしてつらさや困難を受け止めること。そこに信頼が生まれ，そのことが人を変える一歩となる。
>
> 出所：筆者作成。

　本人の状況と影響を与える環境を評価分析することをアセスメント（assessment）といい事前評価ともいう。これは，ソーシャルワークにおける支援過程のひとつであり，このアセスメントは，保育においても子どもをとらえる手法として大変重要な方法のひとつである。

　支援方法については専門機関ごとに異なるが，教育や医療・介護においても，この手法が取り入れられている。人をどうとらえるのか，人の権利や価値に根差したアセスメントの手法は，相互に学びあう必要がある。こうした学習を互いに組織し連携していくことは，支援するうえで有益である。

　保育や教育などとともに，生活を支援する人びとがつながり，地域の様子や互いの仕事を知りあうなかで，共有できる情報は多様にある。たとえば，それが離職による生活困難や若いがための貧困であるなど，原因は多様であったとしても，共通した課題や問題がみえてくる。こうした情報を共有しあい，また解決を図る手立てを確認しあうことは，地域や社会が変わっていくこと，あるいは変えていくことにつながる。それは同じような悩みや問題を抱えた人びとの問題の解消につながり，同じ悩みで問題を抱えることがないようにすることにもなる。どのような社会に住んでいるのかによって，各機関で扱う問題の傾向がみえてくる。国や社会がちがうと，生活や教育・保育で生じる問題も変わ

るのである。この社会が変わることは，多くの問題の解決に向けての足がかりとなり，また問題の発生を防止することとなる。

　保育所や児童福祉施設では日常的な機関同士の連携，定期的なネットワークのための会議など多種多様に設けて参画していく必要がある。会議などは時間がないなかで実施するため非常にわずらわしい場面も多々ある。しかし連携することによって得られる学習会や会議の結果や共有された情報は，保育士にとっても利用する子どもたちにとっても，計り知れないものである。

　こうした日常的な連携を少しずつ深化させ，多くの人や機関とつながり，小さなネットワークから大きなネットワークまで絡まりあうようにつくることが大切である。そうすれば，こうして築かれたネットワークは個々の専門性を高めること，地域や社会で生活する人びとの不安や困難を軽減し，より安定した安心できる生活に変えることができるのである。

第3節　諸外国の動向

　国家の将来を脅かす少子化に，ヨーロッパ諸国は日本より早い時期から直面してきた。

　図8-2は，ヨーロッパ諸国とアメリカ，日本の合計特殊出生率の推移を示したものである。日本の合計特殊出生率が3.65であった1950（昭和25）年時点で，フランスの2.92を除くグラフ上のすべてのヨーロッパ諸国の合計特殊出生率は2.50を割っている。その後，多少の揺り戻しを経ながら，1980年代初頭には日本，アメリカを含むすべての国で2.00以下となった。しかし，早くから本格的な少子化対策に取り組んできたヨーロッパ諸国では（コラム7），1995（平成7）年以降の合計特殊出生率がゆるやかに回復している。

　このように，早くから次世代育成支援に乗り出し，危機を脱してきた国々における対応は，日本の今後の対応を考えるうえでさまざまな示唆を与えてくれる。ここでは，早い時期から少子化を経験し，子育て支援の先進国ともいうべきヨーロッパ諸国の次世代育成支援の主な動向を，次世代育成支援にかかわりの深い

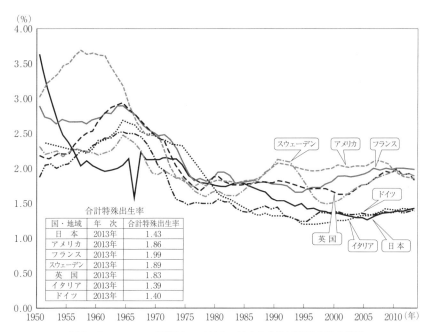

図8-2 ヨーロッパ諸国とアメリカ，日本の合計特殊出生率の推移
出所：内閣府『少子化社会対策白書 平成27年版』。

―― コラム7 ――

フランスにおける少子化対策

　現在のフランスの高出生率を支えているのが，充実した家族手当の制度である。フランスは家族給付制度が充実しており，手当の数は30種を超え，その支給額，支給期間も日本に比べ充実している。日本の児童手当制度の創設が1971（昭和46）年であるのに対して，フランスの家族手当は1932（昭和7）年に公的制度として導入されており，その始まりは19世紀半ばにまでさかのぼるといわれている。

　　出所：縄田康光「少子化を克服したフランス――フランスの人口動態と家族政策」『立法と調査』No.297，参議院，2009年，63～66頁。

（1）子育てへの経済的支援，（2）子育てと仕事の両立支援施策の面から紹介する。

（1）子育てへの経済的支援

　子育て支援先進国のフランス・北欧諸国等と日本の取り組みとの最大のちがいは，次世代育成支援にかかわる全体の予算額である。このことを示す指標に，「家族関係社会支出」と呼ばれるものがある。これは，子育て支援として行われる現金支給（児童手当，家族手当，出産・育休の給付等）と現物給付（保育・就学前教育等）とをあわせた支出で，この額が多いほど，その国が子育て支援に投じている予算が大きいことを示している。

　図8-3は，諸外国における家族関係社会支出の対GDP（国民総生産）比を示したものである。これは2007（平成19）年のデータであるが，スウェーデンが3.35％，イギリスが3.27％，フランスが3％といずれも3％を超えており，日本の約3倍となっている。ちなみに，日本は0.79％であり，2010（平成22）～2011（平成23）年度の子ども手当制度を経た2012（平成24）年度の児童手当を加味しても1.04％である。ヨーロッパにおける子育て支援の後進国といわれるドイツでも1.88％と，日本よりも比率が高い。

（2）子育てと仕事の両立支援施策

1）育児休業

　日本の育児休業（以下，育休）は，子どもが1歳になるまで（一定の要件を満たす場合は1歳6か月まで）取得でき，休業前の50％の所得が保障される。

　スウェーデンでは子どもが8歳までの期間，両親があわせて480日の休暇を認められており，そのうち，390日までは給与の80％，残り90日は一定金額が保障される。フランス，ドイツ，ノルウェーでは子どもが3歳になるまでの取得が可能であり，1～3年間の長期休暇を取得することができる。どの国でも休暇中の給料は支払われないが，政府から一定額の手当が支給される。また，ノルウェーでは，母親の出産休暇明けに父親だけが取得できるパパ・クオータ制が設けられており，取得率は9割に達している。一方，イギリスでは，5歳までに両親合計で13週しか取得できず，休業中の所得保障もない。これらからすると，日本の育休の充実度は中程度といえるだろう。

第8章 児童家庭福祉の動向と展望

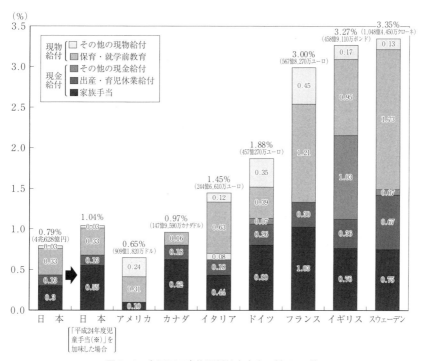

図8-3 主要国の家族関係社会支出の対GDP比
出所：内閣府『子ども・子育て白書 平成24年版』。

2）保育サービス

　スウェーデンでは0歳児のうちは親が育休を利用し在宅で子どもの世話をするため，0歳児への保育サービスは原則存在しない。育休から復帰後は，幼稚園と保育所が一体化した就学前学校や家庭保育室等により保育が実施される。少子化の進行しているドイツ，イタリアでは，集団託児施設の整備が遅れている。フランスでは3歳以上の子どもは無償の幼稚園に通うため，保育サービスを利用するのはもっぱら3歳未満であり，保育所よりも家で子どもを預かる保育ママが普及している。日本でも保育ママの制度を導入しているが，諸般の事情によりなかなか普及していないのが現状である。ノルウェーでは集団託児施設の整備が比較的進んでおり，対象乳幼児の66％が保育施設を利用するなど，

乳幼児の施設利用が広く普及している。

このように，保育サービスのあり方は国ごとに大きく異なっており，一概に優劣を論じることはできない。その国の文化や社会の状況にあわせた保育サービスを整備していくことが重要といえよう。

（3）日本の児童家庭福祉に求められる役割

以上，子育て支援先進国というべき諸外国における次世代育成支援制度をみてきた。国ごとに個々の取り組みの状況は異なるものの，いずれの国でも子育て支援を充実させることで少子化を脱してきたことを考えれば，日本においても，子育て支援制度を拡充していくことで出生率の一定程度の回復は見込めると考えられる。事実，次世代育成支援が本格的に推進されてからの日本の合計特殊出生率には回復の傾向がみられるが（表8-1，図8-2），ヨーロッパ諸国が出生率の低下から回復までに20～30年を要していることをみると，今後，日本でも，わが国の状況にあわせた息の長い取り組みが必要と思われる。

一方，近年はアジア諸国でも日本以上に少子化が進行しており，次世代育成支援は，今や世界的な課題となっている。図8-4は，日本をふくむアジア諸国の合計特殊出生率の推移を示したものである。1970（昭和45）年には日本以外のいずれの国々でも3.00以上であった合計特殊出生率が，その後低下の一途をたどり，2000（平成12）年にはグラフ上のすべての国々で2.00を割り込んでいる。そして，2013（平成25）年には日本の1.43がもっとも高い値を示すまでの状況になっている。

グラフに掲載されていない国，たとえば中国でも，1970年には5.81だった合計特殊出生率が1994（平成6）年には1.87と2.00を割り，その後現在まで1.51～1.67の間を行き来している。1979（昭和54）年以降の中国で四半世紀にわたって推進されてきた「一人っ子政策」が，2015（平成27）年10月に廃止されたことは記憶に新しい。この政策変更は，「一人っ子政策」が世界的に例のない速度で少子高齢化を引き起こし，労働人口が急減して経済成長に悪影響を及ぼすという危機感が強まったことによる。

第 8 章　児童家庭福祉の動向と展望

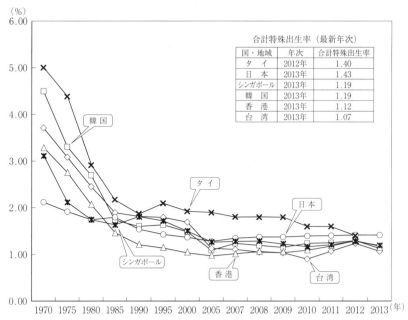

図 8-4　アジア諸国と日本の合計特殊出生率の推移
出所：内閣府『少子化社会対策白書 平成27年版』。

　一方，中国の「一人っ子政策」廃止が決定された2015（平成27）年10月，日本の安倍首相は，2030（平成42）年に合計特殊出生率1.8を目指すとしていた政府の方針を前倒しし，2020年半ばに実現することを表明した。今後は，日本がアジアにおける「子育て支援先進国」として，これから少子高齢化問題が深刻化するであろうアジア諸国のモデル国となっていくことが期待される。

【ポイント整理】

○次世代育成支援
　「社会の連帯による子どもと子育て家庭の育成・自立支援」を基本理念に，従来の縦割り型行政を脱した総合的・包括的な「次世代育成支援システム」を新しく築こうとする少子化・子育て支援施策。2003（平成15）年に「少子化社会対策基本法」「次世代育成支援対策推進法」が誕生し，近年の児童家庭福祉の新たな展開を

推進してきた。

○少子化社会対策基本法
　「次世代育成支援」の施策を受けて2003（平成15）年に誕生した法律。施策の基本理念や，国・地方公共団体・事業主・国民等の責務について規定するとともに，「保育サービスの充実」「地域社会における子育て支援体制の整備」「母子保健医療体制の充実」「子育て家庭における生活環境の整備や経済的負担の軽減」等の施策を推進すべきことが規定されている。

○次世代育成支援対策推進法
　「次世代育成支援」の施策を受け2003（平成15）年に制定された。この法により，すべての都道府県，市町村は，2005（平成17）年度から5年を1期として「行動計画策定指針」にもとづいた地域行動計画を策定すること，また，国，地方公共団体等（特定事業主），および従業員301人以上の事業主は「事業主行動計画」を策定することが義務づけられた。当初2013（平成25）年度までの10年間の期限つきで成立したが，2014（平成26）年4月に10年間延長され，2024（平成36）年度までを期限としている。

○子ども・子育て応援プラン
　2004（平成16）年に閣議決定された「少子化社会対策大綱」の重点課題に沿い，国が地方公共団体や企業等とともに計画的に取り組むべき事項について，2005（平成17）年度から2009（平成21）年度までの5年間に講ずる具体的な施策内容と目標を掲げている。

○待機児童解消加速化プラン
　都市部を中心に深刻な問題となっている待機児童解消のための取り組みを加速させるため，2013（平成25）年4月，厚生労働省が新たに策定した。2015（平成27）年度から2017（平成29）年度までを「取組加速期間」とし，保育ニーズのピークを迎える2017（平成29）年度末までに約40万人分の待機児童の解消を目指している。

○ヨーロッパ諸国の少子化対策
　ヨーロッパ諸国では日本より早い時期から少子化問題を経験し，その対策に取り組んできた。このように，早くから次世代育成支援に乗り出し，危機を脱してきた子育て支援の先進国というべき国々における対応は，日本の今後の対応を考えるうえでさまざまな示唆を与えてくれる。

○少子化に関するアジア諸国の状況
　近年，中国，韓国などの近隣諸国やタイ，シンガポールなどのアジアの国々でも，日本以上に少子化が進行している。これらのアジア諸国よりも早期に少子化問題に直面し，次世代育成支援に取り組むことで少子化を脱出しようとしている日本は，今後アジア諸国の子育て支援のモデルとなることが期待されている。

第8章　児童家庭福祉の動向と展望

【振り返り問題】

1　企業のパンフレットやWebサイト上で,「くるみん」や「プラチナくるみん」マーク（コラム1, 173頁参照）を探してみよう。マークがみつかった企業に関して，従業員の仕事と育児との両立を可能とするために，どのような工夫や取り組みがされているかを具体的に調べてみよう。

2　保育実習等で接した子どもたちのうち，保育士以外の専門職がその子どもや家庭の支援にかかわっていた事例があれば，その専門職について調べてみよう。また，その専門職が，地域の他の機関のどのような人たちと，どのように連携して子どもや家庭の支援にあたっていたかを考えてみよう。

3　自分が関心のある国をひとつ取り上げ，その国の合計特殊出生率の推移を調べてみよう。また，その国でどのような子育て支援が行われているか調べてみよう。

〈参考文献〉

柏女霊峰『次世代育成支援と保育』全国社会福祉協議会，2005年。
厚生労働省「次世代育成支援施策の在り方に関する研究会」報告書『社会保障における次世代育成支援に向けて』2007年。
厚生労働省「保育所保育指針」。
田中利則・小野澤昇・大塚良一編著『子どもの生活を支える相談援助』ミネルヴァ書房，2015年。
内閣府子ども・子育て本部「少子化対策」2014年。
内閣府『子ども・子育て白書　平成24年版』。
内閣府『少子化社会対策白書　平成27年版』。

【文献案内】

柏女霊峰『次世代育成支援と保育』全国社会福祉協議会，2005年。
　　——次世代育成支援制度が制定された背景と経緯，その意義と課題が，制定当初の観点からわかりやすく解説されている。
内閣府『少子化社会対策白書　平成27年版』。
　　——日本における少子化対策の現状が，最新の統計データをもとに示されている。日本が直面している人口問題について知り，今後の子育て支援，家庭支援について考えるための貴重なデータを提供してくれる。
国立社会保障・人口問題研究所『海外社会保障研究』No.160，2007年。
　　——特集「子育て支援策をめぐる諸外国の現状」において，欧米の先進国を中心とした少子化問題と対策に関する国際的動向がくわしく述べられている。他国の少子化対策や家庭支

援の状況を知り，日本の現状について考えるためのさまざまなデータや事例が掲載されている。出版年が2007（平成29）年のため，統計データに関しては厚生労働省等の Web サイトから最新のデータを入手する必要がある。

春原由紀・土屋葉『保育者は幼児虐待にどうかかわるか——実態調査にみる苦悩と対応』大月書店，2004年。
　——保育者が虐待に気づくとき・疑うときから保育者の苦悩が始まる。保育者の実態調査をもとに，虐待からの回復のためのネットワークの一員としてどのように向きあうのか。互いの支援と連携について述べられたものである。

（第1節・第3節　八木玲子，第2節　浅川茂実）

おわりに

　エレン・ケイは『児童の世紀』のなかで,「人類がすべて,これを全く新しい見方で認識しはじめ,これを発展の信仰の光の中に見て,二十世紀は児童の世紀になるのである。これは二重の意味をもっている。一つは大人が子どもの心を理解することであり,一つは,子どもの心の単純性が大人によって維持されることである。そうなって初めて古い社会が新しくなる」(エレン・ケイ／小野寺信・小野寺百合子訳『児童の世紀』冨山房,1972年,202頁)といっている。

　エレン・ケイの生きた時代から,1世紀以上が過ぎているが,おとなが本当に子どもの心を理解しているのであろうか,また,子どもの心の単純性がおとなによって維持されているのであろうか。エレン・ケイは,その生きた時代は過酷な児童労働と婦人解放という問題が背景にあり,家庭という存在がおろそかになっていることを警告している。

　私たちが生活している現代社会では,おとなと子どもの距離はさらに離れているように思える。家族が共同でひとつのことを行うことは少なくなり,家庭はそれぞれの家族が一時を過ごす場所になりつつある。特に,日本の社会では宗教(信仰)との結びつきが薄れ,家庭というもののあり方自体を教育・保育で,補完していく時代になっている。

　たとえば,家族のつながりの基本である「食事」に関して,厚生労働省「保育所における食事提供のガイドライン」(2016年)の「保護者の食の状況」のなかで,「保育所,幼稚園に通う4,5歳児の母親の食生活をみると,『1日の食事は3食である』,『食事の時刻は決まっている』人は約80％である。しかし,裏を返すと,残りの約20％の人は1日の食事が3食でなかったり,食事の時刻が決まっていないことを示している。また,『食事を菓子ですませることはない』という人は約60％であるが,残りの約40％の人は食事を菓子ですませている」と家庭の食事が危いことを指摘している。

　このような現状のなかで,保育に携わることは子どもの健全育成に関して大

きな責任と使命が与えられている。同時に国による政策も次世代を担う子どもの育成として大切なものとなってくる。本書を通じて，これらのことを理解していただければ幸いである。

　最後に，本書を編集するにあたり，ミネルヴァ書房編集部の戸田隆之氏の御尽力に感謝申し上げたい。編集会議から打ちあわせ会，さらにはきめ細かな執筆者への御配慮など，戸田氏のお力により本書ができあがったといっても過言ではない。

　2016年2月

編　　者

索　引

あ　行

『アイデンティティとライフサイクル』 *39*
赤沢鍾美 *22*
赤沢仲子 *22*
アスペルガー症候群 *82, 158*
アセスメント *187*
アダムズ，ジェーン *36*
新しい少子化対策について *43*
育児・介護休業法 *123*
育児休業 *190*
育児休業制度 *123*
池上雪枝 *25*
意見表明権 *72*
石井亮一 *19, 23*
いじめ *56*
一億総中流 *4*
一時預かり事業 *122, 136*
一時保護機能 *92*
一時保護施設 *92*
1.57ショック *80, 176*
糸賀一雄 *29*
イリイチ，イヴァン *39*
医療型児童発達支援センター *160*
医療型障害児入所施設 *161*
『隠者の夕暮』 *34*
浦上養育院 *20*
NPO法人 *62*
『エミール』 *10, 34*
エリクソン，エリク・ホーンブルガー *39*
エリザベス救貧法 *33, 34*
エンゼルプラン *41, 80, 122*
延長保育事業 *136*
応益負担 *74*
応能負担 *74*
近江学園 *29*
オウエン，ロバート *9, 35*

岡山孤児院 *20*
大給恒 *20*

か　行

皆年金制度 *31*
皆保険制度 *31*
核家族 *2, 58*
学習障害 *82, 158*
家族関係社会支出 *190*
家族手当法 *38*
学校教育法 *59, 62*
『学校と社会』 *37*
家庭学校 *25*
家庭支援専門相談員 *110, 113*
家庭児童相談室 *95*
家庭的保育 *122, 136*
家庭的養護 *151, 156*
家庭保育室 *191*
家庭養護 *151, 156*
寡婦 *77*
カマラとアマラ *11*
感化法 *25*
完結出生児数 *120*
完全失業者数 *5*
環太平洋戦略的経済連携協定 *4*
基幹的農業従事者 *3*
棄児養育米給与方 *19*
北川波津 *21*
基本的人権 *51*
　──の尊重 *70*
虐待相談件数 *79*
虐待の判断 *148*
救護法 *27*
救貧法 *35*
凶悪な少年犯罪 *164*
居宅訪問型保育 *136*
ギルド *33*

199

緊急保育対策等5か年事業　80
ぐ犯少年　164
倉橋惣三　30
グループホーム　115
くるみんマーク　173
ケイ，エレン　10,37
敬田院　18
契約制度　91
合計特殊出生率　41,120,175,188
高次脳機能障害　157
工場法（イギリス）　35
工場法（日本）　26
厚生労働省　86
行動計画策定指針　172
広汎性発達障害　82,158
国際人権規約　39
『国富論』　35
国民健康保険法　31
国民主権　70
国民投票　71
国民年金法　31
国立きぬ川学院　104
国立障害者リハビリテーションセンター　104
国立武蔵野学院　104
子育てサポート企業　173
子育て短期支援事業　122
子ども虐待による死亡事例　130
子ども・子育て応援プラン　43,175
子ども・子育て関連3法　44,123,132,177
子ども・子育て支援会議　83
子ども・子育て支援事業計画　83,177
子ども・子育て支援新制度　40,134,135,177
子ども・子育て支援法　44,64,83
子ども・子育てビジョン　122,176
子ども食堂　133,178
子ども手当　85
子ども手当法　85
子どもの権利　70
　――委員会　98
子どもの心の健康支援　127
子どもの心の診療ネットワーク事業　127
子どもの最善の利益　72

子どもの相対的貧困率　178
子どものための現金給付　83
子どもの貧困　40,123
　――率　6
個別対応職員　109,113
雇用均等・児童家庭局　86
コルチャック，ヤヌシュ　40

　　　　　　さ　行

里親
　親族――　154
　専門――　154
　養育――　154
　養子縁組――　154
里親支援専門相談員　110,111,113
里親制度　154
佐野常民　20
澤田美喜　36
産業革命　34
ジェブ，エグランタイン　38
支援計画　114
四箇院　18
視覚障害　157
事業所内保育　136
事業主行動計画　173
事業費　89
仕事と生活の調和推進のための行動指針　176
次世代育成支援　171
次世代育成支援対策推進法　42,80,122,172
施設型給付　135
施設保育士　110
施設養護　151,156
慈善活動　33
慈善組織協会　35,36
肢体不自由　157
市町村保健センター　95
四天王寺　18
児童　110
児童委員　95
児童買春・ポルノ禁止法　78,98
児童家庭支援センター　74,96,155
児童館　132

索　引

児童虐待　*79, 142*
　　——相談　*92*
　　——の防止等に関する法律　*78*
　　——防止協会　*37*
　　——防止法　*42, 92, 143, 148*
児童憲章　*52*
児童健全育成施策　*119*
児童厚生施設　*107*
児童支援専門員　*112*
児童指導員　*109, 112*
児童自立支援施設　*102, 107*
児童自立支援専門員　*109*
児童生活支援員　*113*
児童相談所　*91*
　　——運営指針　*91*
児童手当　*123*
　　——法　*32, 85*
児童の権利に関するジュネーヴ宣言　*12, 38, 48*
児童の権利に関する条約　*13, 39, 41, 42, 50, 70, 97*
児童の権利に関する宣言　*39, 49*
『児童の世紀』　*10, 37*
児童発達支援センター　*160*
児童福祉施設最低基準　*108*
児童福祉審議会　*88*
児童福祉白亜館会議　*12, 38*
児童福祉法　*30, 40, 52, 62, 72, 160*
　　——施行規則　*76*
　　——施行令　*76*
児童福祉六法　*32, 72*
児童扶養手当　*83, 123*
　　——法　*31, 83*
児童法　*38*
児童養護施設　*153*
ジニ係数　*6, 8*
渋沢栄一　*19*
自閉症　*82, 158*
市民の自由権　*72*
事務費　*89*
社会・援護局　*86*
社会的養護　*151*
社会福祉基礎構造改革　*42*

社会福祉三法　*31*
社会福祉事業法　*31*
社会保障審議会　*88*
就学援助制度　*123*
就学前学校　*191*
就学前の子どもに関する教育，保育等の総合的な提供の推進に関する法律　*82*
重度精神薄弱児扶養手当　*32*
恤救規則　*20*
主任児童委員　*95*
守秘義務　*187*
小1の壁　*131*
障害児　*157*
　　——入所施設　*160*
　　——福祉手当　*84*
障害者　*157*
　　——基本法　*160*
　　——総合支援法　*91, 103, 160*
小規模グループケア　*155*
小規模住居型児童養育事業　*154*
小規模保育　*136*
少子化　*188*
　　——社会対策会議　*81, 175*
　　——社会対策基本法　*42, 81, 122, 172, 175*
　　——社会対策大綱　*42, 175*
　　——対策　*119, 122*
　　——対策推進基本方針　*41*
　　——対策プラスワン　*122*
少子高齢化　*58*
情緒障害児短期治療施設　*102*
小児医療費助成　*123*
小児慢性特定疾病　*53, 127*
少年　*107*
職業指導員　*114*
触法少年　*164*
自立援助ホーム　*155*
新エンゼルプラン　*42, 80, 122*
人権侵害　*54*
人権デー　*39*
人権擁護　*50, 51, 150*
　　——委員会　*50*
　　——に関する世論調査　*54*

201

仁慈堂　19
新生児マス・スクリーニング検査　127
新待機児童ゼロ作戦　122, 176
身体障害者手帳　161
身体障害者福祉法　31, 160
信用失墜行為の禁止　61
心理療法担当職員　10, 113
健やか親子21　129
　——（第2次）　130
スミス，アダム　35
生活保護　95
　——法　29
整肢療護園　27
精神作用物質による急性中毒　158
精神障害　158
精神障害者保健福祉手帳　161
精神薄弱者福祉法　32
精神保健福祉法　160
政令市型保健所　95
セーブ・ザ・チルドレン　38
世界児童憲章　38
世界人権宣言　39, 48
世帯数　5
接近禁止命令　80
施薬院　18
戦争孤児　28
選択利用制度　42
選択利用方式　74
先天性代謝異常　127
相対的貧困率　8
ソーシャルインクルージョン　43
措置制度　42
措置費　89

た 行

第一次産業　2, 3, 5
第一種社会福祉事業　102
待機児童　134
待機児童解消加速化プラン　134, 177
退去命令　80
第三次産業　2
体調不良児対応型　137

第二次産業　2, 5
第二種社会福祉事業　62, 74, 102
高木憲次　27
高瀬真卿　25
滝乃川学園　23
立ち入り禁止　94
タンデムマス法　127
地域型保育給付　135
地域行動計画　173
地域子育て支援拠点事業　122, 124
地域主権一括法　107
地域小規模児童養護施設　155
小さな大人　33
秩父学園　104
知的障害者福祉法　160
注意欠陥多動性障害　82, 158
聴覚障害　157
通告の義務　79
デューイ，ジョン　37
トインビー，アーノルド・J.　13
東京孤児院　21
統合失調症　158
特別支援教育　43
特別児童扶養手当　32, 84
　——等の支給に関する法律　84
特別障害者手当　84
都道府県型保健所　95
留岡幸助　25
ドメスティック・バイオレンス　148
　——防止法　79

な 行

内部障害　157
難病指定　103
新潟静修学校　22
日本国憲法　29, 70, 71
乳児　107
乳児家庭全戸訪問事業　41, 122, 131
妊産婦手帳　28
認定こども園　63, 64, 136
　　地方裁量型——　136
　　保育所型——　136

幼稚園型——　136
　　幼保連携型——　44, 104, 136
認定こども園法　43
年間収入階級別割合　5
農奴　33
ノーマライゼーション　115
野口幽香　24

は 行

バーナード, J.　35
バーナード・ホーム　35
配偶者暴力相談支援センター　80, 150
博愛社　20
発達障害　158
発達障害者支援センター　82
発達障害者支援法　43, 81, 160
パパ・ママ育休プラス　123
林市蔵　27
原胤昭　19
ハル・ハウス　36
犯罪少年　164
非行　166, 167
　　——少年　163
非施設型（訪問型）　137
非正規雇用　40
悲田院　18
一人っ子政策　192
秘密保持　61
病児対応型・病後児対応型　137
病児保育事業　137
広尾フレンズ　20
びわこ学園　30
ファミリー・サポート・センター事業　137
ファミリーホーム　115
福祉型児童発達支援センター　160
福祉型障害児入所施設　161
福祉事務所　94
福祉六法　32
福田会育児院　20
婦人相談員　80
婦人保護施設　80
二葉幼稚園　24

不良行為少年　164
フレーベル, F.　34
平和主義　70
ベヴァリッジ報告　38
ペスタロッチ, J.　9, 34
ヘッド・スタート・プログラム　39
保育・教育コンシェルジュ　135
保育所運営費　89
保育所等訪問支援　160
保育所保育指針　32, 59
保育単価　89
保育の目標　60
保育ママ　136, 191
保育要領　30
放課後子ども総合プラン　132
放課後子どもプラン推進事業実施要綱　133
放課後児童クラブ　132
　　——ガイドライン　133
放課後児童健全育成事業　74, 122
　　——の設備及び運営に関する基準　133
放課後児童支援員　133
放課後等デイサービス　160
方面委員会　96
方面委員令　27
保健所　95
保護単価　89
保護命令　80
母子及び寡婦福祉法　32
母子及び父子並びに寡婦福祉法　76
母子支援員　109, 112
母子福祉資金　31
母子福祉法　31
母子保健サービス　119
母子保健事業　127
母子保健法　31, 77, 126
母子保護法　27, 29
保母　61

ま 行

松本武子　12
未熟児訪問指導　126
未熟児養育医療　126

宮代学園　20
民生委員　95
　　──法　31
無料塾　133
名称独占　61
免疫機能障害（AIDS）　157
森島峰　24

　　　　　や　行

山室軍平　19
ユニセフ　97
養育院　19
養育支援訪問事業　41, 122, 131
幼児　107
『幼児期と社会』　39
要扶養児童家族扶助　38
要保護児童対策地域協議会　88, 146

　　　　　ら　行

ライフコース　120
ライフスタイル　120
ラクロット, M.　19
療育　162
　　──手帳　161
療病院　18
倫理規定　187
ルソー, J.J.　9, 34
老人福祉法　32

　　　　　わ　行

ワーク・ライフ・バランス　43, 123, 175
　　──憲章　43, 176
ワンストップ拠点　127

■執筆者一覧（＊は編著者，執筆順）

＊大塚　良一（おおつか　りょういち）　編著者紹介参照 ——————————————————— 第1章

野島　正剛（のじま　せいごう）　こども教育宝仙大学こども教育学部幼児教育学科教授 ————— 第2章

＊小野澤　昇（おのざわ　のぼる）　編著者紹介参照 ——————————————————— 第3章

五十嵐裕子（いがらし　ゆうこ）　浦和大学こども学部こども学科准教授 ————————— 第4章第1節

瓜巣由紀子（うりす　ゆきこ）　浦和大学こども学部こども学科専任講師 ————————— 第4章第2節

＊田中　利則（たなか　としのり）　編著者紹介参照 ——————————————————— 第5章

飯塚美穂子（いいづか　みほこ）　洗足こども短期大学幼児教育保育科専任講師 ———— 第6章第1節・第3節

加藤　洋子（かとう　ようこ）　洗足こども短期大学幼児教育保育科教授 ——————— 第6章第2節

岩崎　裕一（いわさき　ゆういち）　関東短期大学こども学科教授 ————————————— 第7章第1節・第4節

大屋　陽祐（おおや　ようすけ）　育英短期大学保育学科専任講師 ————————————— 第7章第2節・第3節

八木　玲子（やぎ　れいこ）　東京成徳短期大学幼児教育科准教授 ————————— 第8章第1節・第3節

浅川　茂実（あさかわ　しげみ）　武蔵野短期大学幼児教育学科准教授 ————————— 第8章第2節

〈編著者紹介〉

大塚良一（おおつか・りょういち）
　　1955年　生まれ
　　　　　　埼玉県社会福祉事業団寮長，武蔵野短期大学幼児教育科准教授を経て，
　　現　在　東京成徳短期大学幼児教育科教授，社会福祉士，介護福祉士，介護支援専門員。
　　主　著　『保育士のための社会福祉』（編著，大学図書出版），『保育士のための養護原理』（共著，大学図書出版），『保育士のための養護内容』（共著，大学図書出版），『子どもの生活を支える社会福祉』（編著，ミネルヴァ書房），『子どもの生活を支える社会的養護』（編著，ミネルヴァ書房），『子どもの生活を支える社会的養護内容』（編著，ミネルヴァ書房），『子どもの生活を支える家庭支援論』（編著，ミネルヴァ書房），『保育の今を問う児童家庭福祉』（共著，ミネルヴァ書房），『保育の今を問う保育相談支援』（共著，ミネルヴァ書房），『保育の基礎を学ぶ福祉施設実習』（編著，ミネルヴァ書房）。

小野澤　昇（おのざわ・のぼる）
　　1949年　生まれ
　　　　　　社会福祉法人はるな郷知的障害者更生施設こがね荘施設長，関東短期大学初等教育科助教授，東京成徳短期大学幼児教育科教授を経て，
　　現　在　育英短期大学保育学科教授，臨床心理士，福祉心理士。
　　主　著　『保育士のための社会福祉』（編著，大学図書出版），『子どもの養護』（共著，建帛社），『新しい時代の社会福祉施設論（改訂版）』（共著，ミネルヴァ書房），『子どもの生活を支える社会福祉』（編著，ミネルヴァ書房），『子どもの生活を支える社会的養護』（編著，ミネルヴァ書房），『子どもの生活を支える社会的養護内容』（編著，ミネルヴァ書房），『子どもの生活を支える家庭支援論』（編著，ミネルヴァ書房），『保育の今を問う児童家庭福祉』（共著，ミネルヴァ書房），『保育の今を問う保育相談支援』（共著，ミネルヴァ書房），『保育の基礎を学ぶ福祉施設実習』（編著，ミネルヴァ書房）。

田中利則（たなか・としのり）
　　1953年　生まれ
　　　　　　社会福祉法人富士聖ヨハネ学園指導員，武蔵野短期大学幼児教育学科准教授を経て，
　　現　在　ソニー学園・湘北短期大学保育学科教授，社会福祉士，介護支援専門員。
　　主　著　『養護原理』（共編著，大学図書出版），『養護内容』（共編著，大学図書出版），『子育て支援』（共編著，大学図書出版），『養護内容の基礎と実際』（共編著，文化書房博文社），『子どもの生活を支える社会福祉』（編著，ミネルヴァ書房），『子どもの生活を支える社会的養護』（編著，ミネルヴァ書房），『子どもの生活を支える社会的養護内容』（編著，ミネルヴァ書房），『子どもの生活を支える家庭支援論』（編著，ミネルヴァ書房），『保育の今を問う児童家庭福祉』（編著，ミネルヴァ書房），『保育の今を問う保育相談支援』（編著，ミネルヴァ書房），『保育の基礎を学ぶ福祉施設実習』（編著，ミネルヴァ書房）。

子どもの生活を支える
児童家庭福祉

| 2016年4月20日　初版第1刷発行 | 〈検印省略〉 |

定価はカバーに
表示しています

編著者	大塚　良一 小野澤　　昇 田中　利則
発行者	杉田　啓三
印刷者	坂本　喜杏

発行所　株式会社　ミネルヴァ書房
607-8494 京都市山科区日ノ岡堤谷町1
電話代表　(075)581-5191
振替口座　01020-0-8076

©大塚・小野澤・田中ほか, 2016　冨山房インターナショナル・清水製本

ISBN 978-4-623-07592-8
Printed in Japan

大塚良一・小野澤　昇・田中利則編著　　　　　　　Ａ５判・232頁
子どもの生活を支える社会福祉　　　　　　　　　　本体2,400円

福田公教・山縣文治編著　　　　　　　　　　　　　Ａ５判・186頁
児童家庭福祉　第4版　　　　　　　　　　　　　　本体1,800円

和田光一監修／田中利則・横倉　聡編著　　　　　　Ａ５判・268頁
保育の今を問う保育相談支援　　　　　　　　　　　本体2,600円

小野澤　昇・田中利則・大塚良一編著　　　　　　　Ａ５判・280頁
子どもの生活を支える社会的養護　　　　　　　　　本体2,500円

山縣文治・林　浩康編　　　　　　　　　　　　　　Ｂ５判・220頁
よくわかる社会的養護　第2版　　　　　　　　　　本体2,500円

小池由佳・山縣文治編著　　　　　　　　　　　　　Ａ５判・200頁
社会的養護　第3版　　　　　　　　　　　　　　　本体1,800円

小野澤　昇・田中利則・大塚良一編著　　　　　　　Ａ５判・336頁
子どもの生活を支える社会的養護内容　　　　　　　本体2,600円

小木曽　宏・宮本秀樹・鈴木崇之編　　　　　　　　Ｂ５判・250頁
よくわかる社会的養護内容　第3版　　　　　　　　本体2,400円

小野澤　昇・田中利則・大塚良一編著　　　　　　　Ａ５判・304頁
子どもの生活を支える家庭支援論　　　　　　　　　本体2,700円

小野澤　昇・田中利則・大塚良一編著　　　　　　　Ａ５判・296頁
保育の基礎を学ぶ福祉施設実習　　　　　　　　　　本体2,600円

―――― ミネルヴァ書房 ――――
http://www.minervashobo.co.jp/